Franz Kamphaus

HINTER JESUS HER

HERDER spektrum

Band 6303

Das Buch

Franz Kamphaus hat die besondere Gabe, Dinge auf den Punkt zu bringen. In diesem Buch gibt der langjährige Bischof von Limburg seiner Vision eines menschlichen Zusammenlebens einen Namen: Jesus von Nazaret. Von Jesus geschärfte Sinne haben ihm prominente Zeitgenossen bescheinigt. Als einer der bekanntesten Kirchenleute Deutschlands verschafft er der Stimme des Mannes aus Nazaret in Kirche und Öffentlichkeit Gehör in den brennenden Fragen unserer Zeit. In den zwölf Kapiteln dieses Bandes zeichnet er das Leben Jesu nach, mit der Leidenschaft eines Menschen, der den Ruf in die Nachfolge hört: Auf, hinter Jesus her!

Der Autor

Franz Kamphaus, Prof. Dr. theol., geb. 1932, von 1982 bis 2007 Bischof von Limburg; seither Seelsorger im St.-Vincenz-Stift in Rüdesheim-Aulhausen, einer Einrichtung zur Begleitung von Menschen mit geistiger und körperlicher Behinderung.

Franz Kamphaus

Hinter Jesus her

Anstöße zur Nachfolge

HERDER

FREIBURG · BASEL · WIEN

Herausgegeben von Ulrich Schütz

Inhalt

1. Gott wird Mensch 9

Er trägt das All 9

Tiefes Erschrecken – große Freude 11

Gott steckt in unserer Haut 13

Geschenk des Himmels 14

Gottes Geburt in uns 15

2. Der Hoffnungsträger 19

Wenn Jesus leibhaftig vor uns stünde 19

Er ist sich treu geblieben bis zuletzt 20

Vom Versucher provoziert 22

Drei Lebensfragen 23

Bereitet den Weg des Herrn 26

3. Anfänge 29

Faszinierend und erschreckend 29

Das Reich Gottes kommt 30

Nicht: Macht weiter so, sondern: Kehrt um! 31

Die Wende. 33

Zur Freiheit berufen. 35

4. Gelebte Weisung. 39

Jesus hat die Bergpredigt gelebt 39

Prioritäten 41

Gesetzestreue im Überfluss 42

5. Arm und Reich 45

Ein Gott, der arm wird. 45

Jesus, das Heil der Armen in Person 46

Den Armen gilt die Gottesherrschaft 48

Die Gefahren des Reichtums 49

Selig, die arm sind vor Gott 50

6. Begegnungen 55

In Alltagssituationen. 55

Grenzüberschreitung 56

Zuvorkommend 57

Unterwegs 59

7. Nachfolge. 63

Wo wohnst du? 63

Der Ort, wo Jesus ist. 65

Wenn man sich auf den Weg macht 66

Wer sein Vermögen hergibt 67

Gott schenkt mir diese Freiheit 69

Bleibt in meiner Liebe 71

8. Licht der Welt. 73

Das Licht der Welt erblickt 73

Christuslicht 74

Licht für die Völker 75

Verklärung. 76

Um allen zu leuchten 79

Ausstrahlung 80

9. Brot des Lebens 83

Gesättigt mit ewigem Hunger 83

Das gebrochene Brot 85

Für euch und für alle 86

Leib Christi 88

10. Leid und Kreuz 91

Unbegreiflich. 91

Der verwundete Arzt 92

Christliche Gewaltanschauung 94

Was machen wir mit der Angst? 95

Wenn ich schwach bin, bin ich stark 96

Hinabgestiegen zu den Toten 97

11. Auferstehung 99

Alles andere als selbstverständlich. 99

Anführer des neuen Lebens 100

Tastender Glaube. 101

Beim Namen gerufen 103

Es ist der Herr 105

Vom Tod zum Leben 106

12. Komm, Herr Jesus 109

Die offene Wunde Sehnsucht 109

Damit wir dich preisen 110

Anbetung 112

Wenn er käme 114

Nachwort des Herausgebers 117

Quellennachweis 119

Textnachweis 121

Zum Autor 125

1. Gott wird Mensch

Er trägt das All

Typisch für unser heutiges Weltbild ist der Blick des Weltraumfahrers auf die Erde: Unser blauer Planet mitten im schwarzen All. Zum ersten Mal in der Menschheitsgeschichte haben wir die ganze Erde vor Augen, nicht nur in unseren Träumen und Fantasien, sondern real. Ungeheuerlich: Der Blick von außerhalb auf den Globus.

Das hat unsere Perspektive von Grund auf verändert. »Globalisierung« sagen wir, nicht von ungefähr. Die Entfernungen zwischen den entlegensten Enden der Erde spielen kaum noch eine Rolle: globale Kommunikation, globale Wirtschaftsbeziehungen, globale Finanzmärkte. Die Schlagbäume fallen, einer nach dem anderen. Eine Welt! Nur durch den Markt? Nur durch die harte Währung? An einem Punkt stehen wir mit der Globalisierung noch ganz am Anfang. Ohne eine religiöse und moralische Globalisierung hat die »Eine Welt« keine Zukunft.

Eigenartig: Im selben Augenblick, in dem wir zur Weltgesellschaft aufbrechen, scheint sich unsere Religiosität zurückzuziehen. Sie gehört – denken viele – ganz in den Privatbereich, sie ist etwas fürs Herz. Die Weihnachtsbotschaft rührt uns an bis in den innersten Winkel unserer Seele. Aber sie

Gott spricht sein Wort – Jesus – nicht über unsere Köpfe hinweg, sondern in unser Leben hinein.

weitet zugleich unseren Horizont bis zum Äußersten, bis an die Grenzen der Erde und darüber hinaus. Der da weihnachtlich zur Welt kommt, lässt sich nicht in den Stall von Betlehem einsperren. Er hat mit dem Ganzen zu tun. Das ist die Weihnachtsbotschaft des Hebräerbriefes (1,1–6). Zwei Wörter kehren darin immer wieder: Er (Christus) und das All. »Er trägt das All ...« (3), er trägt den Globus:

Er, nicht etwas nur steht am Anfang des Ganzen. Die Mitte der Welt ist nicht blinde Energie, nicht gesichtsloses Schicksal, nicht namenlose Materie, nicht irgendetwas Überirdisches, sondern eine gelebte und bis in den Tod durchlittene Menschengeschichte. Sie ist Gottes Geschichte mit uns. Gott – in Person – mit Herz! Er hat für uns ein klares Profil: Jesus Christus.

Er trägt das All. Christen geben eine Antwort nicht nur für einen Standort oder eine Familie oder gar nur für die eigene Seele. Es geht uns ums Ganze, es geht uns ums All. Den Himmel, den Kosmos überlassen wir nicht den Engeln und Spatzen, auch nicht den Ufologen und findigen Medienmachern, sondern Christus, den Gott »zum Erben des Alls eingesetzt« hat (2). Das ist Globalisierung – christlich! Sie ist uns mit Jesus Christus in die Wiege gelegt.

Er trägt das All. Seit Jahrhunderten schon wird Christus dargestellt mit dem Globus in der Hand – das Jesuskind mit der Weltkugel. Wir brauchen uns nicht als Atlas zu gebärden, das kann nur böse enden. Wenn wir die Welt selbst in die Hand nehmen wollen – wir würden uns maßlos überheben. Er trägt das All! Nehmen wir das als Herausforderung an, uns als Christen aktiv in die Entwicklung zur Weltgesellschaft einzumischen?

Was ich von Jesus halte? Dass er mich hält, dass er uns hält und die ganze Welt dazu.

Wir brauchen beim globalen Bemühen um Menschenrechte und Menschenpflichten nicht bei Null anzufangen, nicht bei der kleinen eigenen Entscheidung. Wir dürfen immer schon antworten auf die Vorgabe, die uns in Jesus Christus entgegenkommt. Er bringt das, was unser Herz ersehnt: Gerechtigkeit ohne bitteren Nachgeschmack. Freude, die niemanden ausschließt. Leben, das auch durch den leiblichen Tod nicht ausgelöscht werden kann. Er trägt das All. Weil die Welt von Christus getragen ist, geben wir die Sehnsucht nach einer besseren Welt nicht auf, unser Glaube bestärkt uns darin. Die Person Jesu Christi, sein Leben und seine Botschaft sind für uns der Maßstab, mit dem wir jeden Anspruch auf Weltverbesserung messen.

Die Abtei Maria-Wald in der Eifel hat einen Kapitelsaal mit einem spätgotischen Netzgewölbe. Der Schlussstein, der alles trägt, ist ein Herz. Im Laufe der Jahre hat einer der Mönche, wohl ohne zu wissen, was er tut, einen Haken in diesen Schlussstein gebohrt – vielleicht, um einen Adventskranz daran aufzuhängen. Das durchbohrte Herz, das alles trägt, mit dem Haken, an dem alles hängt. »Er trägt das All.«

Tiefes Erschrecken – große Freude

Die lukanische Geburtsgeschichte (2,1–14) stürzt unsere gewohnten Weihnachtsvorstellungen um. Sie beginnt provozierend irdisch, ohne jede himmlische Verklärung. »Es geschah in jenen Tagen, dass vom Kaiser Augustus eine Verordnung ausging …« Augustus und Quirinius geben hier den Ton an. Es geht um die Welt, in der sie regieren und Geld eintreiben. Sie verfügen, Josef und Maria fügen sich ihrem Befehl und wandern nach Betlehem. Am Ziel ihrer Reise angekommen, bringt Maria ihren Sohn zur Welt – in diese Welt! Das Ereignis wird ohne besondere Betonung erwähnt, fast beiläufig. Es geschieht nichts Außergewöhnliches. Kein Engel hütet die Krippe, keine übernatürliche Stimme wird laut. Maria wickelt das Kind in Windeln, wie jede Mutter es tut. Das ist alles. Man erwartet Engel und himmlischen Glanz und findet Staatsgewalt, Steuereintreibung, Reise, Geburt und Windeln – Alltäglichkeiten in unserer Welt. Gott wird mit keinem Wort erwähnt. Er scheint abwesend zu sein.

Das Geheimnis des Neugeborenen wird nicht von den Menschen selbst entdeckt, etwa aufgrund irgendwelcher wunderbarer Merkmale. Nicht einmal die Eltern hätten es von sich aus erkannt. Es wäre verborgen geblieben, hätte Gott nicht gesprochen. Sein Wort ist Mitte und Höhepunkt der Erzählung.

Es ergeht an Hirten, an Leute, die nichts gelten und keinen guten Ruf genießen, die sozial und religiös deklassiert sind. Die hier Genannten werden durch nichts hervorgehoben. Sie tun, was alle Hirten tun: Sie sorgen für ihr Vieh, sie wachen bei ihrer Herde. Nichts weist darauf hin, dass sie für eine Begegnung mit Gott besonders geeignet oder vorbereitet wären. Sie sind Letzte, die Erste werden. Der Heiland der Armen und Sünder ist geboren.

Mitten in ihrer alltäglichen, sehr irdischen Arbeit (auf dem Felde!) werden sie von der Herrlichkeit Gottes umstrahlt. Wie sollten sie nicht in große Furcht geraten, da sie so unmittelbar von seiner Gegenwart getroffen sind! Wie sollten sie sich nicht entsetzen, da sie mit ihren Erwartungen und Möglichkeiten am Ende sind und ihnen eine neue Welt aufgeht! Weihnachten ist ohne dieses tiefe Erschrecken nicht zu verstehen. Denen, die von großer Furcht befallen sind, verkündet der Bote Gottes die große Freude. Worte reichen nicht aus, sie zu beschreiben. Es ist die große Freude der Heilszeit. Alle Linien der Erzählung laufen in dieser frohen Botschaft zusammen. Sie kommt nicht vom Menschen, sondern zu ihm. Sie ist nicht von ihm erfunden, sondern empfangen. Gott selbst meldet sich in ihr zu Wort und erschließt, was geschehen ist, in machtvoller Proklamation.

Jedes Wort ist hier wichtig. »Euch«, so lautet die Anrede. Sie meint nicht nur die Hirten, sondern »alles Volk«. Das verheißene Heil ist da, es ist in Jesus zum »Heute« geworden. Wo das Evangelium verkündet wird, da ist »heute«, das »Heute« der Ankunft des Herrn. Gott ruft den Neugeborenen aus als den verheißenen Messias (»in der Stadt Davids«), den Retter und Herrn, und offenbart damit, dass er selbst in ihm zu uns gekommen ist.

Gott steckt in unserer Haut

An Weihnachten geht es nicht um blutleere Spekulationen; es geht um uns. Es geht darum, wie groß oder klein wir Menschen von uns selbst denken und von unserer Welt. Nicht zuletzt um der Menschen willen halten wir uns an Gott. Weihnachten sagt uns: Er steckt in unserer Haut. Wir sagen oft: ›Ich möchte nicht in deiner Haut stecken.‹ Gott hätte das auch sagen können, wahrhaftig. Er hat es nicht getan. Er steckt in unserer Haut. Weder kommt er von oben herab, noch sind wir ihm egal. Er ist ganz einfach mit uns. Auf hebräisch heißt das: Emmanuel. Weil er mit uns ist, deshalb sind wir mehr, als wir haben und aus uns machen, mehr als unser Werk. Gott ist mit uns.

Man kann leicht sagen: ›Gott, das ist doch heute kein Thema mehr. Da sind wir drüber weg‹ – aufgeklärt, wie wir zu sein uns einbilden. Manche begnügen sich mit dem postmodernen Allerlei: Der eine so, der andere so, jeder stellt sich sein religiöses Menü selbst zurecht. Das geht in aller Regel auf Kosten des Menschen.

»Gott ist tot«, ruft der »tolle Mensch« in Nietzsches »Fröhliche Wissenschaft«. Was aber »ist«, wenn Gott tot ist? Der Schrei »Wohin ist Gott?«, findet bei Nietzsche ein Echo, das nachdenklich werden lässt. Es lautet: »Wohin denn der Mensch?« Diese Frage stellt sich heute in aller Schärfe. »Wohin denn der Mensch«, wenn er sich von Gott verabschiedet hat? Geht er zum Teufel? Oder vor die Hunde? Er wird heute immer mehr sein eigenes Experiment. Alles wird technisch produzierbar, am Ende auch der produzierende Mensch. Wer dieser Auflösung der Humanität widerstehen will, der kann das, wenn es zum Schwure kommt, nur im Namen Gottes. Im Menschwerden und Menschsein ist Gott uns allemal voraus. Davon versteht er mehr seit Jesu Geburt im Stall. Gott steckt in unserer Haut.

Darüber kann man nur den Kopf schütteln, oder man geht davor in die Knie. Wer anbetend niederfällt, weiß, wem er den aufrechten Gang verdankt. Und er wird vor nichts und niemandem sonst in die Knie gehen.

Geschenk des Himmels

Das älteste Weihnachtslied, das für alle Zeit den Grundakkord von Weihnachten angibt, stammt nicht von Menschen. Nach der Überlieferung des Lukas haben Engel das Evangelium der Heiligen Nacht gesungen. Engel? Ist das ernst zu nehmen? Es scheint nicht schwer, das Ganze lächerlich zu machen. Aber wenn man dann tatsächlich einmal die Engel singen hört ... Da können einem schon die Ohren aufgehen. Das kennen wir doch. Jeder von uns weiß, was das heißt. Und viele haben es erlebt: Situationen, in denen sie die Engel singen hörten. Situationen an der Grenze. Allerdings, das ist Weihnachten: eine Situation an der Grenze, eine Botschaft, die nicht aus uns kommt, sondern zu uns, von jenseits unser selbst. Das Lied der Engel – ein Lied, das nicht wir erdacht haben: »Heute ist euch der Heiland geboren …« (Lk 2,11). Heute – euch – der Heiland. Ein Geschenk des Himmels! In der Tat: das Geschenk des Himmels.

Das will uns dieses ursprüngliche Weihnachtslied sagen: Ihr, die ihr alles selbst machen wollt, die ihr schließlich in eurer eigenen Leistung das Heil sucht und euch dabei heillos verrennt – das Heil könnt ihr euch nicht machen. Den Heiland könnt ihr euch nicht machen. Ihr braucht es auch nicht, er ist euch geschenkt.

»Heute ist euch der Heiland geboren.« Heiland – dazu hat ihn letztlich auch Maria nicht gemacht. Es gibt nichts auf der Welt, das ihn machen könnte. Er kommt nicht aus uns, sondern zu uns. Wir verdanken ihn Gott. Geschenk des Himmels! Diese Botschaft braucht keinen Vergleich mit den Erzählungen anderer Religionen zu scheuen. Weil sie trägt, darum feiern wir Weihnachten. Darum singen wir. Das ist der Grundakkord unserer Weihnachtslieder.

Gottes Geburt in uns

»Allen aber, die ihn aufnahmen, gab er Macht, Kinder Gottes zu werden, allen, die an seinen Namen glauben, die nicht aus dem Blut, nicht aus dem Willen des Fleisches, nicht aus dem Willen des Mannes, sondern aus Gott geboren sind« (Joh 1,12–14).

Die Alternative ist klar, das ist ein anderes Leben: Nicht, nicht, nicht … Dreimal dieses »nicht«: nicht aus der eigenen Tat; nicht aus den eigenen Trieben und Antrieben; nicht aus der naturwüchsigen Kraft. Vielmehr: die Menschen, die sich Gott verdanken; die wissen, dass sie von Anfang an Empfangene sind und es bleiben. Wer dies als die Wahrheit seines Lebens erkennt und bekennt, der ist davon befreit, sich selbst »bringen« zu müssen, der ist wie neu geboren, »aus Gott geboren«.

Anfang der Geschichte des Wortes Gottes in uns. Es ist nicht nur (das zunächst und vor allem!) in Betlehem zur Welt gekommen. Es möchte in uns und durch uns zur Welt kommen. So singen wir's: »Treuer Immanuel, werd auch in mir nun geboren …« »Dich, wahren Gott, ich finde, in meinem Fleisch und Blut …« Gottes Geburt in uns! Wir ein Geburtsort Gottes! Kann man Größeres vom Menschen sagen?

Gott wartet im Grunde unseres Herzens. Schade nur, dass wir so wenig dort zu Hause sind, uns nicht aushalten und vor uns selbst laufen gehen. Wie schwer ist es, »in sich« zu gehen und »zu sich« zu kommen. Wie anders aber können wir Gott begegnen? Wie anders sollte er durch uns zur Welt kommen? Wie anders können wir anderen Herberge sein und Heimat geben?

Hören wir seinen Lockruf in uns? »Gott, du bist mir innerlicher als ich mir selber bin«, sagt Augustinus. Das haben uns Erwachsenen die Kinder wohl voraus, dass sie noch näher bei sich sind, einig mit sich und ihrem wahren Mutterboden. Ob wir nicht deswegen von ihnen angerührt werden, die wir mit allen Wassern eines überanstrengten Erwachsenendaseins gewaschen sind, der eigenen Tat verpflichtet, die wir nicht selten so außengelenkt sind, dass wir unser Innerstes nicht mehr wahrnehmen? Ob wir das Kind in uns noch entdecken können? Oder sind wir zu erwachsen geworden, um noch empfänglich zu sein?

Gott kommt im Schweigen zur Welt, in der Mitte der Nacht, wenn es ganz still geworden ist.

Gott wird Mensch

So groß das Ziel der Gottesgeburt ist, so mühsam ist der Weg, so eng und ängstigend wie beim ungeborenen Kind, das zur Welt möchte. Man darf sich die inneren und äußeren Widerstände des Wachstums nicht ersparen. Herbergssuche und Exil, Krippe und Kreuz erinnern an die Wehen und Geburtsschmerzen, unter denen Gottes Wort zur Welt kommt. Aber wenn es geschieht, wenn es uns in Fleisch und Blut übergeht? »Die aus Gott Geborenen sind die Säulen der Welt und die Pfeiler der Kirche«, sagt der Mystiker Johannes Tauler. Die Welt wartet auf sie und die Kirche nicht weniger.

2. Der Hoffnungsträger

Wenn Jesus leibhaftig vor uns stünde

Viele meinen: Es ist etwas dran an der Sache mit Gott; aber wer weiß schon, was? Darüber spricht man nicht; jeder soll sehen, wie er klarkommt – aber bitte ganz privat. Eine diffuse Gottgläubigkeit toleriert man, aber scheut einen Glauben mit Konsequenzen. Da hilft kein »Religion light«, sondern nur das klare Bekenntnis zu Jesus Christus, das dem christlichen Gottesglauben Profil gibt und ihn nicht im Meer verschwommener Religiosität untergehen lässt. Jesus sagt: »Ich bin der Weg und die Wahrheit und das Leben« (Joh 14,6). Die Wahrheit begegnet uns also in Gestalt einer Person. Sie offenbart sich im Gehen, sie erschließt sich im Prozess des Lebens, als Lebenswahrheit.

Jesus begegnet uns in den Evangelien nicht als genialer Übermensch. Er fällt zunächst kaum auf, ist ungewöhnlich gewöhnlich. Er stammt aus ganz einfachen Verhältnissen. Er ist in seiner jüdischen Heimat nie zu einer Spitzenposition aufgestiegen, er hatte weder Rang noch Namen. Er hat nie ein Buch geschrieben. Er hat nur kurze Zeit in der Öffentlichkeit gewirkt.

Aber er ist doch der Gründer einer Weltreligion! Viele nennen ihn zusammen mit Buddha oder Mohammed. Die haben

Jesus will keine Fans, sondern Nachfolger. Die Wahrheit seines Lebens will uns Beine machen.

versucht, Menschen einen Zugang zu Gott zu bahnen. Jesus steht dafür, dass Gott sich einen neuen Zugang zu den Menschen gebahnt hat – nicht hoch hinaus, sondern tief herunter, auf Augenhöhe mit uns. Er ist der irdische Ort Gottes, sein menschliches Gesicht. Er hat Gott vereinbar gemacht mit dem ganz gewöhnlichen Menschsein. Er ging dabei bis zum Äußersten, bis in die letzte Hütte. Denn er wollte die Welt von ihrem schwächsten Punkt her retten, von den letzten Menschen her. Er ging bis zu den Sündern und Sünderinnen, zu den Aussätzigen und verlorenen Söhnen (und Töchtern). Er hat den Erweis seiner Göttlichkeit nicht dadurch erbracht, dass er mit majestätischem Wink von oben herab alles regelte, sondern so, dass er auch dem Ärmsten noch Bruder wurde. Er setzte sich mit denen an einen Tisch, die sich einen gestylten Lebensstil nicht leisten können.

Wie wäre das, wenn Jesus leibhaftig hier vor uns stünde in seiner irdischen Gestalt, er, der damals in Palästina unterwegs war zwischen Kafarnaum und Jerusalem? Würde er sich wohl auskennen in unserer Kirche heute und sagen: Das entspricht meiner Vorstellung, das hab ich mir in etwa so gedacht?

Er ist sich treu geblieben bis zuletzt

Jesus sprach vom Salz der Erde, nicht vom Honig. Er hat die Leidenschaft nicht durch Gemütlichkeit ersetzt. Man stelle sich vor, Jesus habe sich einen Dackel, einen Schoßhund gehalten – undenkbar! Vorsichtig und sparsam mit sich selbst umzugehen war nicht seine Art. Er schonte sich nicht, er setzte sich aus. Er beanspruchte keine Privilegien und pochte nicht auf seinen Besitzstand. Er wollte nicht an anderen verdienen, er diente. Er hatte kaum Geld. Gott war ihm wichtiger als ein sattes Bankkonto. Wenn man hierzulande den Eindruck gewinnt, die Kirche bräche zusammen, weil ihr das Geld ausgeht – die Sorge hatte er nicht. Er gebot seinen Jüngern, auf ihrem Weg zu den Menschen nicht zu viel mitzunehmen. Weniger (an Sachen) kann mehr (an Wahrheit und Überzeugungskraft) sein.

Er brachte keine fremden Mittel ins Spiel, die anderen versagt sind. Es werden zwar wunderbare Taten von ihm erzählt, sie erweisen ihn als einen Heiler und Charismatiker. Aber kein Wunder dient der Demonstration seiner Überlegenheit, kein Wunder schützt ihn vor der Versuchung, kein Wunder erspart ihm die mühselige Arbeit, seine Botschaft zu vermitteln, kein Wunder bewahrt ihn vor der Katastrophe des gewaltsamen Todes.

Jesus ist nicht wie ein junger Gott unberührt über die Realitäten des Lebens hinweggegangen. Er hat Angst und Not am eigenen Leibe erfahren. Der die Begegnung mit den zu kurz Gekommenen suchte, ist im Leben selber zu kurz gekommen. »Wenn Jesus siebzig Jahre alt geworden wäre«, lautet ein Buchtitel. Aber Jesus wurde nicht alt. Er wurde ein Opfer von Hass und Ungerechtigkeit. Er verzichtete im Ölgarten auf das Schwert. Er ging freiwillig in ein Gerichtsverfahren, das ihm keine Chance ließ. Er ließ sich lieber niederschlagen und aufs Kreuz legen, als dass er andere niederschlug.

Die Leute sagten: Wenn du der Sohn Gottes bist, dann gib uns doch ein Zeichen deiner Stärke; wenn du der Sohn Gottes bist, dann steig herab vom Kreuz; wenn du der Sohn Gottes bist, dann verwandle die Steine in Brot, dann stürz dich vom Felsen, denn es passiert dir doch nichts. Welch ein Irrtum! Diesem Sohn Gottes passiert fast alles, was einem Menschen zustoßen kann.

Kennen wir das Erschrecken vor Jesus Christus und seinem Geist? Faszination und Erschrecken zeigen: Jesus hat uns etwas voraus, er ist uns voraus.

Ist das Schwäche? Von außen betrachtet mag das so scheinen, in Wahrheit liegt da Gottes Stärke und verwandelnde Kraft. Sie bewegt etwas, sie verändert die Verhältnisse von Grund auf. Die Stärke, die sich die Starken gegenseitig zuspielen oder entreißen, erhält den Status quo. Das ist nur die eine Hälfte der Wirklichkeit, die andere Hälfte wird ausgeblendet. Wer nur die halbe Wahrheit gelten lassen kann, ist im Grunde auch nur halbstark. Halbstark ist ganz schwach. Jesus lässt uns Gott in der Ohnmacht entdecken. Seine verwandelnde Macht umfängt nicht nur die Starken, sondern auch und gerade die Schwachen.

Er ist sich bis zuletzt treu geblieben. Er widerstand der Versuchung, die Welt mit Gewalt in Ordnung zu bringen – kein heiliger Krieger, der um der vermeintlich guten Sache willen über Leichen geht. Er war überzeugt, dass es besser ist, den Erfolg zu opfern als Gottes Liebe. Er war so frei, sich verschenken zu können. Das Kreuz offenbart seine Gewaltfreiheit. Er beantwortet die Gewalttätigkeit der feindlichen Mächte nicht mit noch größerer Gewalt, er begegnet ihr gewaltlos. Wir sind nicht mit Gewalt erlöst, nicht durch die Liebe zur Macht, sondern durch die Macht der Liebe. Sie ist der rote Faden, der uns durch das Kreuz zur Auferstehung führt.

Vom Versucher provoziert

Die Versuchungsgeschichte fasst wie in einem Brennpunkt die Wahrheit über Jesus zusammen. Vom Geist Gottes in die Wüste getrieben, muss er sich dem Satan stellen: »Wenn du Gottes Sohn bist …«, so lautet die wiederholte Herausforderung (Mt 4,3.6). Jesus ist nicht in irgendeiner Sache um Auskunft gebeten, er selbst ist gefragt. In seiner Antwort holt er die göttliche Besiegelung bei der Taufe (»geliebter Sohn«) in eigener, freier Entscheidung ein. Bevor er zu den Menschen geht, kommt er zu sich selbst. Wie denn?

Er geht den Weg, den der Vater ihm gewiesen hat; er ist der Messias in Niedrigkeit, nicht in Herrlichkeit. Vom Versucher provoziert, zeigt sich, wovon Jesus lebt und wofür er lebt: Er lebt vom Vater und für ihn. So geschieht sein Leben »für uns«. Jesus lebt »nicht nur vom Brot«, das er sich selbst macht. Er lebt nicht eigenmächtig aus sich selbst, »sondern von jedem Wort, das aus Gottes Mund kommt« (4). Er ist ganz dem Vater zugewandt. Er weiß sich von ihm getragen und braucht keine zusätzliche Sicherheit. Er widersteht der Versuchung, sich in einem spektakulären Tempelsturz selbst zu produzieren (5–7). Er geht Schritt für Schritt den Weg in die Tiefe, seinen Weg, der vom Vater ausgeht.

Das ist kein Weg in Glanz und Gloria, sondern in Ohnmacht und Leid. Es ist eine diabolische Versuchung (ein Teufelspakt!), eigenmächtig mit »allen Reichen der Welt« (8) Gottes Sache zum Sieg verhelfen zu wollen. Gottes Herrschaft ist von anderer Art. Jesus weiß, wem er sich verdankt und wessen Königtum er verpflichtet ist. Gott allein ist der Herr, ihm allein gebührt die Anbetung (10). Indem er sich so ganz Gott überlässt, findet er in Freiheit zu sich selbst. Die Anbetung Gottes ist Grund dieser Freiheit.

Drei Lebensfragen

Jesus ist versucht worden, nicht scheinbar, sondern tatsächlich, nicht am Rande, sondern in der Mitte seiner Existenz: in seinem Verhältnis zu Gott. In seiner Auseinandersetzung mit dem Satan zeigt sich, wer Gott ist und wo die Götzen stehen. Die Versuchung entzündet sich an drei entscheidenden Lebensfragen.

Die erste Frage: Wovon leben wir? Das ist keine Allerweltsfrage. Sie stellt sich sehr konkret jedem Einzelnen von uns. Viele Menschen heute sind davon bewegt, werden krank an dieser Frage: Wovon lebe ich eigentlich? Worum dreht sich mein Leben?

»Befiehl diesem Stein, zu Brot zu werden«, rät der Teufel. Die Versuchung ist groß, sich selbst das Brot des Lebens zu machen. Wenn das, was wir uns selbst verdienen und verschaffen, unser Ein und Alles ist, dann haben wir den Götzen leibhaftig vor uns: ein Machwerk unserer Hände. Es hat viele Namen: Der Besitz kann zum Götzen werden, die gesicherte Position, die Leistung, die Wohnung, das Geld. In all diesen Bereichen stehen Entscheidungen an: »Ihr könnt nicht Gott dienen und dem Mammon« (Mt 6,24).

Es genügt nicht, sich mit Selbstgemachtem vollzustopfen. Es geht darum, Erfüllung zu finden. Es ist eine teuflische Versuchung, den Menschen mit eigenhändigen Produkten abspeisen zu wollen. Der Mensch »lebt nicht von Brot allein«. Sehen wir nicht, wie er am »Brot allein« zugrunde geht? Er ist zu groß, als dass er an sich selbst oder an den Dingen der Welt genug finden könnte. In alldem ist etwas zu wenig. Gott allein genügt!

Die zweite Frage: Vor wem gehen wir in die Knie? Der Teufel führt Jesus auf einen Berg, zeigt ihm »alle Reiche der Erde«, und er sagt zu ihm: »All diese Macht und die ganze Herrlichkeit dieser Reiche will ich dir geben … wenn du mich anbetest« (Lk 4,5–7).

Vor wem gehen wir in die Knie? Vor welchen Autoritäten und Instanzen beugen wir uns? Vor den Herren und Herrschaften der Welt mit ihren Verlockungen oder vor Gott? Die

Gottes Stimme ist immer konkret. Sie ruft in meine konkrete Situation hinein und will diese in Bewegung bringen. Gott meint immer mein Hier und Jetzt.

Der Hoffnungsträger

Frage spitzt sich heute zu. Schon vor mehr als vierzig Jahren schrieb Teilhard de Chardin: »Der Tag ist nicht mehr weit, an dem die Menschheit wählen kann zwischen Selbstmord und Anbetung.« Dieser Tag ist gekommen. Die Weltmächte rüsten angstbesessen um die Wette. Sind wir dazu verurteilt, uns diesem Bann bedingungslos zu beugen? Die Versuchung ist groß, vor der Rüstung in die Knie zu gehen und von ihr das Heil zu erwarten. Sie kann sich zu einem Götzen verselbstständigen, der Sicherheit zu garantieren scheint und in Wahrheit den Tod in sich birgt. Sie hat uns an den Rand des Selbstmordes gebracht. Unsere Generation erfährt, was nie zuvor möglich war: Die Menschheit ist durch Menschen vernichtbar geworden.

Wie ist dieser Bann der Angst zu sprengen? Wie anders als durch den Glauben, dass Gott allein Herr ist und die Herrschaft von Menschen über Menschen beendet. »Du sollst den Herrn, deinen Gott, anbeten und ihm allein dienen!« (Lk 4,8). Das ist wie eine Befreiung, wie eine Erlösung.

Die dritte Frage: Können wir uns auf Gott verlassen? »Stürz dich hinab oben vom Tempel«, will der Teufel Jesus einreden (vgl. Lk 4,9–11). »Du musst dich doch auf den Schutz der Engel verlassen können. Wie willst du es wagen, im Namen Gottes zu sprechen und dein Leben einzusetzen, wenn du keinen handfesten Beweis hast, dass Gott sich trägt? Mach doch die Probe aufs Exempel.«

Jesus lehnt ab. Gott lässt sich nicht als Beweismittel missbrauchen. Man kann mit ihm nicht experimentieren, man kann sich nicht absichern wollen. Solch garantierter Glaube wäre in Wirklichkeit Unglaube. Wer es mit Gott nur mal versuchen will, der versucht ihn.

Es ist wie bei Menschen, die sich lieben. Da sagt der eine zum anderen: Ich möchte ganz dein Eigen sein. Immer will ich mich für dich einsetzen, immer will ich zuerst fragen: Was ist gut für dich? – Das alles wird von Grund auf verkehrt, wenn

Jesus ist der Raum Gottes, die Stätte seiner Gegenwart auf Erden. Uns allen ist in ihm Heimat geschenkt, ein Dach überm Kopf und ein Zuhause für die Seele.

der andere mich einfach als sein Eigentum betrachtet; wenn er das freie Versprechen, ihm zu gehören, in ein Verfügungsrecht verkehrt. Dann belügt er sich selbst, indem er meine Liebe, die ich ihm nur in Freiheit schenken kann, wie eine platte Gegebenheit verrechnet.

Genau das hat der Teufel im Sinn. Er gibt sich ganz fromm, er führt Gottes Wort im Mund (4,10 f). Man kann das, was Gott den Menschen sein und sagen möchte, auf diabolische Weise verdrehen, unter vollständiger Beibehaltung des Wortlauts. Das ist die satanische Versuchung der Frommen: Die Spannung von Vertrauen und Dankbarkeit, von Liebe und Freiheit wird aufgelöst, der Glaube zu einem Faktor eigener Kalkulation verkehrt, aus dem man Besitzansprüche herleitet. Und ehe wir uns versehen, haben wir es nicht mehr mit Gott zu tun, sondern mit Götzen, und das mitten in der Kirche.

Was habe ich von Gott? Wofür ist er gut? Nützt er mir? In solchen Fragen geht es uns nicht um Gott, sondern um uns selbst. Solange wir so fragen, glauben wir eigentlich nicht. Glaube beginnt dort, wo wir von uns absehen und nach Gott fragen; wo wir nicht nur nach ihm fragen, sondern uns von ihm fragen lassen: Wovon lebst du? Vor wem gehst du in die Knie? Willst du dich mir überlassen? Glaube beginnt dort, wo wir anerkennen, dass Gott ist, und ihn anbeten.

Bereitet den Weg des Herrn

Gott hat sich auf den Weg gemacht. Er ist uns entgegengekommen, so entgegenkommend und zuvorkommend, wie er ist. Dafür bürgt ein Name: Jesus Christus. Er ist der Weg. Auf diesem Weg kommt Gott uns entgegen. Auf diesem Weg können wir ihm begegnen. Er führt uns in die Freiheit. Er eröffnet neue Möglichkeiten. Das dürfen wir anderen sagen und uns selbst gesagt sein lassen: Du hast viel mehr Möglichkeiten, als du ahnst, ganz zu schweigen von den ungeahnten Möglichkeiten Gottes mit dir.

»Bereitet den Weg des Herrn!« Wer sich darauf einlässt, der hat alle Hände voll zu tun. Er wird dem Kommen Gottes in seinem alltäglichen Leben den Weg bereiten, mit allen Mitteln, die ihm zur Verfügung stehen. So bekommt der Glaube Hand und Fuß. Mitten in der Wüste blitzen Signale der Hoffnung auf. Die Welt bleibt nicht so, wie sie ist, neue Möglichkeiten werden sichtbar.

3. Anfänge

Faszinierend und erschreckend

Der Evangelist Lukas hat an den Beginn des öffentlichen Wirkens Jesu eine markante Begegnungsszene gestellt: In der Synagoge seiner Heimatstadt Nazaret trifft Jesus auf Menschen, die ihn kennen oder zu kennen meinen. Er liest die Stelle aus dem Propheten Jesaja: »Der Geist des Herrn ruht auf mir: Denn der Herr hat mich gesalbt. Er hat mich gesandt, damit ich den Armen eine gute Nachricht bringe, damit ich den Gefangenen die Entlassung verkünde und den Blinden das Augenlicht, damit ich die Zerschlagenen in Freiheit setze und ein Gnadenjahr des Herrn ausrufe« (Lk 4,18 f).

In seiner anschließenden Auslegung bezieht Jesus diese prophetischen Worte auf die Gegenwart: Er selber ist der Mittler und Gesandte Gottes, der nichts anders im Sinn hat, als den Willen Gottes zum Durchbruch zu bringen. Er will die Welt von ihrem schwächsten Punkt her retten, von den Armen her, den Gefangenen, Blinden und Zerschlagenen.

Die Rede findet Beifall bei der Synagogengemeinde von Nazaret (vgl. 4,22). Jesus ist den Menschen ganz nahe. Die Leute spüren das, doch offenbar fällt es ihnen schwer, seine Worte mit seiner familiären Herkunft zusammenzubringen. Sie meinen, »ihren« Jesus zu kennen und entziehen sich so

Denke niemand, Jesus sei für uns so eine Art Vereinsgründer, an den wir uns gelegentlich erinnern. Er ist unser Leben.

seiner provozierenden Botschaft. Er bleibt für sie der Nach-
barssohn von nebenan: »Ist das nicht der Sohn Josefs?« (4,22).
Ihr anfängliches Staunen schlägt schließlich um »in Wut. Sie
sprangen auf und trieben Jesus zur Stadt hinaus ...« (4,28f). Sie
spüren seine Fremdheit; sie ahnen, dass Gott ärgerlich anders
ist – in seiner Güte. Alle menschlichen Gottesbilder werden
von Jesus durchkreuzt. In der Begegnung mit ihm ist beides:
Er fasziniert und stößt ab, er lockt und befremdet. Das ist bis
heute so. Faszination und Erschrecken zeigen: Dieser Jesus hat
uns etwas voraus, er ist uns voraus. In seinem Leben, in seinem
Sprechen und Tun zeigt sich, wes Geistes Kind er ist: »Der
Geist des Herrn ruht auf mir ...« (4,18). Er ist im Ganzen seines Daseins durch und durch von Gottes Geist geprägt. In ihm
ist Gott selbst präsent, in Person. – Christsein heißt eben nicht,
Jesus auf die Schulter zu klopfen, sondern nachzufolgen. Er ist
uns voraus, wir gehen nach. Das heißt glauben.

Das Reich Gottes kommt

Nach dem Markusevangelium startet Jesus mit seinem öffentli-
chen Wirken so: »Die Zeit ist erfüllt, das Reich Gottes ist nah.
Kehrt um, und glaubt an das Evangelium!« (Mk 1,15). Gottes
Handeln ist also nicht auf den Raum der Kirche beschränkt.
Ursprünglicher Ort der Verkündigung sind die Hecken und
Zäune, ihr Horizont ist die Welt. Von daher darf das Ziel kirch-
lichen Handelns nicht die Kirche sein, es geht um das Reich
Gottes in der Welt.

Die Kirche ist kein Selbstzweck, sie ist kein Nischenanbie-
ter auf dem Markt der Möglichkeiten. Leider ist weithin der
Eindruck entstanden, sie sei nur mehr eine Veranstaltung für
Kirchenleute, ein Interessenverein, der verwaltet, was er hat,
und der im Wesentlichen um seine Selbsterhaltung besorgt ist.

Die Kirche ist nicht für sich selbst da, sondern für die Menschen in der Welt von heute. Wir dürfen unsere besten Kräfte und Hoffnungsenergien nicht bei uns in der Kirche behalten, sie wollen zur Welt kommen. Wir schulden der Welt das Evangelium vom Reich Gottes, nicht mehr und nicht weniger. Wo bleiben wir als Kirche und als einzelne Christen den anderen dieses Evangelium schuldig? Es ist Sauerteig, Wirkstoff und Ferment. Wie im Gleichnis vom Sämann geht es darum, die eigenen Überzeugungen lebendig und offensiv einzusetzen und nicht ängstlich und halbherzig zurückzuhalten. Es ist Zeit zur Aussaat – gerade auch auf kirchenfremden Äckern der Welt.

Die Verheißungen des Reiches Gottes sind nicht gleichgültig gegen das Grauen und den Terror irdischer Ungerechtigkeit und Unfreiheit, die das Antlitz des Menschen und der Erde zerstören. Die Vision Jesu von der neuen Welt besagt gerade nicht, dass es endlos so weitergeht wie bisher. So stellen es sich diejenigen vor, die schon in diesem Leben alles haben und trotzdem nie genug bekommen, die das, was sie haben, für immer haben wollen. Anderes fällt ihnen nicht ein als ihre private Seligkeit. Wer an das Kommen des Reiches Gottes glaubt, kann sich damit nicht zufriedengeben. Er hofft auf ein Glück, das nicht mit dem Unglück anderer bezahlt wird, auf eine Lust, die nicht Privatvergnügen oder Gruppenprivileg bleibt, sondern alle erfasst. Alle werden zu ihrem Recht kommen und Frieden finden.

Nicht: Macht weiter so, sondern: Kehrt um!

Mit der Reich-Gottes-Botschaft ist der Ruf zur Umkehr verbunden: »Kehrt um, und glaubt an das Evangelium!« (Mk 1,15). Also nicht: Macht nur weiter so, sondern: Kehrt um! Die

Wirklichkeit Gottes ist Jesus wichtiger als alle Selbstverwirklichung. Er lädt die Menschen ein, sich mit Gott zu versöhnen, nicht nur mit sich selbst. Er will verhindern, dass wir bei uns selbst stehen bleiben und nicht über uns hinauskommen, dass wir uns in der Sorge um uns selbst erschöpfen. Er gründet unser Leben in Gott. Das schenkt Freiheit und lässt aufatmen.

Jesus hat nicht gesagt: »Seid erst einmal gute Menschen, dann ist Gott euch gnädig.« Er hat umgekehrt gesagt: »Das Reich ist nahe. Gott schenkt euch seine ganze Liebe. Darum könnt ihr anders leben.« Am Anfang der Begegnung mit Jesus heißt es: »Deine Sünden sind dir vergeben.« So wird deutlich, dass er einen neuen Lebensraum eröffnet, der von der Last befreit und aufatmen lässt. Vor dem Imperativ steht der Indikativ.

Die Umkehrforderung richtet sich zwar immer auch an Einzelne, aber nicht nur an Einzelne privat. Es heißt ja: »Kehrt um!«, im Plural also. Die Umkehr, um die es hier geht, sprengt die Privatsphäre und greift in gemeinschaftliche und gesellschaftliche Zusammenhänge ein. So sind wir als Kirche zu steter Gewissenserforschung aufgerufen. Mit bewundernswertem Mut ist der verstorbene Papst bemüht gewesen, ausdrücklich beim Namen zu nennen und zu bekennen, was alles durch Vertreter der Kirche geschehen ist: »Oft haben die Christen das Evangelium verleugnet und der Logik der Gewalt nachgegeben.« Johannes Paul II. hat am 12. März 2000 im Petersdom um Vergebung gebeten »für all jene, die Unrecht getan haben, indem sie auf Reichtum und Macht setzten und mit Verachtung die ›Kleinen‹ straften, die dir (Herr) so am Herzen liegen ...« Wir dürfen in der gegenwärtigen Situation die Schuld an Fehlentwicklungen nicht nur bei den anderen suchen oder

Wir sind weder Zufallsprodukte noch Blindgänger. Jeder ist ein Original, keiner eine Kopie. Mit jedem hat Gott Besonderes vor.

bei der ›bösen Welt‹. »Wenn wir uns kritisch gegen uns selbst wenden, dann nicht, weil wir einem modischen Kritizismus huldigen, sondern weil wir die Größe und Unbezwingbarkeit unserer Hoffnung nicht schmälern wollen. Wir Christen hoffen ja nicht auf uns selber, und darum brauchen wir auch unsere eigene Gegenwart und unsere eigene Geschichte nicht immer wieder zu halbieren und stets nur die Sonnenseite vorzuzeigen, wie es jene Ideologien tun, die keine andere Hoffnung haben als die auf sich selbst« (Synodenbeschluss: Unsere Hoffnung II, 3).

Die Wende

Jesus beginnt sein öffentliches Wirken mit einem Ortswechsel. Er geht von Nazaret nach Kafarnaum, um dort »zu wohnen« (Mt 4,13). Mit anderen Worten: Er zieht um. Er verlässt das kleine Nazaret auf dem Lande und geht in die Stadt, ins Zentrum des Handels und Verkehrs, der verschiedenen Kulturen. Das wird jetzt sein Umfeld, »seine Stadt« (Mt 9,1).

Das Evangelium (Mt 4,12–22) weist darüber hinaus auf eine viel einschneidendere Wende hin: Eine neue Zeit bricht an. Gott wendet sich uns zu. Er bringt die Wende durch Jesus, den Messias. Aber unter welchen Bedingungen! Die Zeichen stehen auf Sturm. Johannes wurde soeben ins Gefängnis geworden (12). Es geht also auf Leben und Tod. Zeit und Raum sind alles andere als rosig. Das ist nicht erst unsere Erfahrung.

Jesu Weg führt nämlich genau dorthin, wo man Unheil wittert, wo eigentlich nicht mit Gott zu rechnen ist, in »das heidnische Galiläa« (15). Man hätte sich gerade für den Anfang eine bessere Gegend denken können, ruhigere Gefilde. Stattdessen: finstere Zeiten, finstere Räume. Das Licht leuchtet in der Finsternis. Es trifft »das Volk, das im Dunkel lebte«; es gilt »denen, die im Schattenreich des Todes wohnen« (16). Das Volk Gottes tappt im Dunkeln. In dieser Zeit, unter diesen Konditionen fängt's an: »Von da an begann Jesus zu verkünden ...« (17).

Zeitenwende – Wendezeit! Die Wende, die Jesus bringt, muss im Leben mitvollzogen werden: »Kehrt um!« (17). Es steht da nicht: Macht nur weiter so wie bisher, es ist ja alles okay. Ich bin okay, du bist okay, wir sind alle okay ... So nicht! Sondern: Orientiert euch neu, auf die Autorität Gottes hin. Richtet euch nach Gottes Willen.

Jesus geht es vor allem um Gott. Seine Autorität hat er gegenüber allen menschlichen Autoritäten unnachgiebig zur Geltung gebracht und seine Herrschaft gegenüber den selbsternannten Herren und Herrschaften bezeugt. Er hat die Herrschaft Gottes aufgerichtet, indem er die Herrschaft von Menschen über Menschen niedergerissen hat. Alle sind in diese Herrschaft Gottes gerufen, auch die Heiden. Gott wirkt nicht nur in der heiligen Stadt Jerusalem, sondern auch draußen in der Provinz.

Jesus begegnet Menschen in ihrem alltäglichen Dienst. Er sieht zwei Brüder, den Simon und den Andreas, Fischer von Beruf: »Sie warfen gerade ihr Netz in den See« (18). Sie werden einzeln mit Namen genannt, aber gemeinsam gerufen, also gerade nicht in die Vereinzelung. Sie sind keine Einzelgänger und erst recht keine Einzelkämpfer. Später werden sie denn auch zu zweit ausgesandt. Von Anfang an ist die Gemeinschaft, die Kirche im Spiel.

Jesus ruft sie zu sich: »Kommt her, folgt mir nach!« (19). So steht's da, kurz und bündig, ohne Wenn und Aber. Er macht ihnen kein Angebot, er fragt nicht vorsichtig an: ›Hättet ihr vielleicht Lust?‹, ›Überlegt doch mal ...‹ Er ruft, fordernd, provozierend: »Kommt her ...« – Wir wissen, Berufungsgeschichten sind stilisiert, sie bringen die Sache ohne Umschweife auf den Punkt. Aber eben auf diesen Punkt: Jesus ruft, und Simon und Andreas folgen aufs Wort. Ähnlich geht es mit den Zebedäus-Söhnen. In unseren Ohren klingt das hart. Wo bleiben da die eigenen Interessen und Bedürfnisse? So fremd uns der Ton ist, wir dürfen ihn nicht überhören. Ob wir mit aller Sorge um uns selbst die Autorität Gottes verharmlost haben?

Jesus ruft die Brüder zu sich: »Folgt mir nach!« (19). Sie folgen nicht einer Idee. Sie schließen sich nicht einem Aufruf oder einer Erklärung an, auch nicht der »Sache Jesu«, sondern ihm selbst. Sie binden sich an ihn. Aus der Gemeinschaft mit ihm werden sie gesendet. Er hält sie nicht fest für sich, er gibt sie frei für die Menschen: »Ich werde euch zu Menschenfischern machen« (19). – In der Zeit nach der Wende im Osten sah ich aus Leipzig eine Sendung mit Wolf Biermann. Dieser Satz ist mir nachgegangen: »Lasst niemanden auf die Menschen los, der nicht treu sein kann.« Es ist klar, wer gemeint war: die vielen Genossen, die die Idee und den Anspruch, unter denen sie angetreten waren, verraten haben. Statt für das Volk zu leben, haben sie auf Kosten des Volkes gelebt, in die eigene Tasche gewirtschaftet. Aber, wie hält man das Ziel des Aufbruchs durch? Treu sein – kann man das so ohne Weiteres? Wir kann man der Berufung zum »Menschenfischer« treu bleiben?

Jesus sagt nicht einfach: »Ihr seid's!«, sondern: »Ich werde euch zu Menschenfischern machen.« Es ist sein Werk. Er traut denen, die er ruft, und er traut ihnen etwas zu. In diesem Zutrauen gründet die Treue, die Treue Jesu. Alles kommt auf dieses »trauen« an zwischen Jesus und uns. Nur weil er uns treu ist und bleibt, können wir treu bleiben.

Zur Freiheit berufen

Der Name Gottes bürgt für Freiheit. Das hat Israel erlebt, vor allem im Aufbruch aus Ägypten. Die Befreiung aus der

Sklaverei durch Gottes Tat ist das Ursprungsereignis dieses Volkes. Darum sind »Gott« und »Freiheit« für Israel untrennbar verbunden. Gott unterdrückt die Menschen nicht, er schenkt ihnen Freiheit. Seine Herrschaft engt das Leben nicht ein, sondern bringt es zur Entfaltung.

Jesus verkündet nicht nur die Freiheit der kommenden Gottesherrschaft, er fängt umgehend damit an: Er setzt sich an einen Tisch mit den Zöllnern und Sündern, lässt Frauen und Kinder an sich heran, Soldaten der Besatzungsmacht und die verachteten Samariter. Allen gibt er die Chance eines neuen Anfangs, auch denen, die sich selbst längst aufgegeben haben, auch den Rückfälligen (wie dem Petrus). Denn Gott, so verkündet er, »lässt seine Sonne aufgehen über Bösen und Guten« (Mt 5,45). Er lockt uns in eine Freiheit, die alle Spielregeln unterläuft, mit denen wir uns gegenseitig blockieren und Angst machen. »Wenn einer deinen Mantel von dir fordert, so gib ihm auch dein letztes Hemd, wenn er dich mit auf den Weg holt, geh gleich zwei Meilen mit ihm; wenn er dich auf die rechte Backe schlägt, halte ihm auch die andere hin« (vgl. Mt 5,39–41). Seid so frei, sagt er, und setzt euch auf den letzten Platz, statt nach dem ersten zu schielen; seid so frei, zu leihen, ohne zurückzufordern, seid so frei, siebenmal siebzigmal zu vergeben!

So offenbart er unter uns das Geheimnis Gottes: Alle sind zur Freiheit der Töchter und Söhne Gottes berufen, Juden und Heiden, die Nahen und die Fernen, Sklaven und Freie, Männer und Frauen. Hier darf keiner mehr über den anderen herrschen, weil Gott allein herrscht, und das heißt: Es herrscht die Liebe.

Christen sind zur Freiheit berufen, nicht trotz ihres Glaubens, sondern aufgrund ihres Glaubens. Gott bürgt für Freiheit.

Christus ermutigt uns, Freiheiten zu wagen, die in unserer Gesellschaft immer mehr an den Rand gedrängt oder verraten werden:

> die Freiheit, Mensch zu bleiben und sich nicht »wie ein Herrgott« zu gebärden;

> die Freiheit, das kleinkarierte »Jeder ist sich selbst der Nächste« zu durchbrechen und im anderen den Nächsten zu erkennen;

> die Freiheit, sich zugunsten anderer einzuschränken und zurückzunehmen;

> die Freiheit, Leiden anzunehmen und am Leiden anderer mitzutragen;

> die Freiheit, sich Schuld einzugestehen und um Vergebung zu bitten.

Sind wir so frei?

4. Gelebte Weisung

Jesus hat die Bergpredigt gelebt

Wir können Jesu Wort nur dann richtig verstehen, wenn wir ihn selbst im Auge haben. Seine Weisung hängt an seiner Person. Wie die Gottesherrschaft in ihm anbricht, so ist er die Ermöglichung zu einem Leben im Zeichen dieser Herrschaft. Seine Weisung ist von seiner Person nicht zu trennen. Ihr Sinn wird entstellt, wenn man einzelne Sätze als Parolen missbraucht und damit den eigenen Karren ausstattet, unabhängig vom Bekenntnis zu Jesus Christus.

Die Bergpredigt ist nicht nur ein abgegrenztes Kapitel der Botschaft Jesu, er hat sie gelebt. In seinem Leben offenbart sich Gott den Menschen gegenüber als ganz und gar entgegenkommend. Jesus hat nicht auf Gegenseitigkeit bestanden, sondern den ersten Schritt getan – zuvorkommend, wie er ist. Er hat Grenzen überschritten zu den Heiden, zu den Sündern und Sünderinnen, zu den Aussätzigen und den verlorenen Söhnen. So ist er, so ist Gott: grenzenlos in der Vergebung (»sieben mal siebzigmal«), entwaffnend in der Liebe. Dabei ist er geblieben bis zum letzten. Als er die Macht der Mächtigen am eigenen Leib zu spüren bekam, umgab er sich weder mit Schwertern noch mit Engeln (vgl. Mt 26,51 f). Er schlug nicht zurück, er beantwortete Gewalt nicht mit Gewalt. Er ging wehrlos auf die Angreifer zu, bar aller Macht. Machtlos ist er am Kreuz gestorben. So hat er durch seinen Tod und seine Auferstehung die Gewalttätigkeit aus den Angeln gehoben und die große Wende herbeigeführt.

*Der Mensch ist zu groß, als dass er an sich selbst oder an der Erde
genug finden würde. In allem, was die Erde bietet, ist etwas zu wenig.
Gott allein genügt.*

Jesus ist sich und seinem Weg bis zur letzten Konsequenz
treu geblieben. Er hat sich nicht »um des lieben Friedens willen« in einen »faulen Kompromiss« geflüchtet. Er hat Farbe
bekannt und mit Entschiedenheit zur Entscheidung (Krisis)
gedrängt. »Denkt nicht, ich sei gekommen, um Frieden auf die
Erde zu bringen. Ich bin nicht gekommen, um Frieden zu bringen, sondern das Schwert« (Mt 10,34).

Der Konflikt, der in die Passion führt, ist nicht irgendeine
Auseinandersetzung, die per Malheur mit dem Tod endet. Es
ist der Konflikt zwischen »alter« und »neuer« Schöpfung (Gal
6,15; 2 Kor 5,17), zwischen dem sich selbst verfallenen Leben,
das sich mit Macht behaupten will, und dem »Sein für die
anderen«. Diesem Konflikt ist Jesus nicht ausgewichen. Er hat
sich ihm bewusst und mit Entschiedenheit gestellt. Das Kreuz
ist Zeichen dieses Konfliktes. Es ist das Zeichen, wie Gott sich
der gewalttätigen Selbstbehauptung, die den Unfrieden in der
Welt gebiert, stellt und ihn überwindet.

Es ist nicht Sache Jesu und seiner Jünger, Streit zu führen. Aber es kann um seinetwillen zu Konflikten und zum Leid
kommen. Damit ist sogar zu rechnen. Das sind – blickt man
auf Jesus – die unvermeidlichen Folgen eines konsequenten
Lebens für andere. Der Friede ist nicht selbstverständlich und
alles andere als harmlos: »Habt Salz in euch, und haltet Frieden untereinander« (Mk 9,50).

»Zuerst« – das ist ein wichtiges Wort. Das bedeutet Priorität, Spitze, absolute Spitze. Man muss wissen, was man zuerst und was man zuletzt tut. Die Priorität, die Jesus im Evangelium setzt, heißt: »Euch aber muss es zuerst um Gottes Reich und um seine Gerechtigkeit gehen; dann wird euch alles andere dazugegeben« (Mt 6,33).

Gott, Gottes Reich – zuerst? Für viele Menschen steht das Wort – wenn überhaupt –, dann zuletzt, irgendwo am Schluss. Weder regt es sie auf, noch reißt es sie von den Stühlen. Sie sind mit ihm am Ende. Die Aushöhlung des Gottesglaubens geschieht unmerklich, wie die Erosion einer Sandsteinfigur in Wind und Wetter. Zunächst verschwindet das Profil, dann wird Schicht um Schicht abgetragen, und zum Schluss stehen nur noch einige traurige Überreste. Gesicht und Gestalt sind nicht mehr zu erkennen.

So ist das heute: Eine vage Gottgläubigkeit lässt man sich gefallen. Aber dort, wo das Wort Jesu Konsequenzen verlangt, da wird ihm die Gefolgschaft aufgekündigt. In diesem gesellschaftlichen Gegenwind stehen wir. Halten wir ihm stand? Da muss man wissen, was man zuerst und was man zuletzt tut. Man kann nicht gleichzeitig auf verschiedenen Hochzeiten tanzen. »Niemand kann zwei Herren dienen … Ihr könnt nicht beiden dienen, Gott und dem Mammon« (Mt 6,24). Wer ja sagt zu Gott, der muss auch nein sagen können. Man kann nicht zu allem Ja und Amen sagen, Entschiedenheit tut not.

Das ist wie mit einem Kompass. Alles hängt davon ab, in welchem Kraftfeld er steht. Wenn er ins Magnetfeld des

Wohin geht der Mensch, wenn er sich von Gott verabschiedet hat? Zum Teufel? Vor die Hunde? Die Würde des Menschen hat nur einen Fels, der in der Brandung standhält: Gott!

Mammon gerät, dann bewegt er sich zwar heftig, überschlägt sich geradezu; und doch führt er in die Irre – wie ein Schiffskompass, in dessen Nähe man einen Magneten aufstellt; dann ist die Verbindung zum Nordpol gekappt. Den Pol, der unserer Lebensfahrt Richtung gibt, beschreibt Jesus sehr einfach und sehr genau so: »Euch aber muss es zuerst um Gottes Reich und um seine Gerechtigkeit gehen; dann wird euch alles andere dazugegeben.« – Könnte es sein, dass darin die Abweichung, die Verschiebung liegt: Uns geht es zuerst um »alles andere«. Und das wollen wir uns nach Kräften selbst besorgen. Je mehr wir darin aufgehen, umgeben wir uns mit einem Gespinst von Besorgungs-Aktivitäten, auch in der Kirche. Wenn unser Kompass im Kraftfeld des Herrn steht, dann ist er frei zu jener wegweisenden Aufgabe, für die er geschaffen ist. Dann ändert sich alles, es ordnet sich von diesem Magnetfeld her.

Gesetzestreue im Überfluss

Gesetz – das Wort hat heute keinen guten Klang, auch bei vielen in der Kirche nicht. Wer freut sich schon, wenn er ›Gesetz‹ hört. Manche werden den Kopf schütteln und fragen: Was soll das? Was hat das Evangelium mit dem Gesetz zu tun? Jesus hat doch die Freiheit vom Gesetz gebracht – denken viele. Er hat das Gesetz durch die Liebe erledigt – denken viele, und zwar nicht erst seit heute. Von Anfang an hat es Leute in der Kirche gegeben, die so gedacht haben.

»Denkt nicht«, heißt es im Evangelium (Mt 5,17–20), »ich sei gekommen, das Gesetz und die Propheten aufzuheben. Ich bin nicht gekommen, um aufzuheben, sondern um zu erfüllen« (17). Kaum zu glauben: mitten im Evangelium das Gesetz. Dort, wo wir's am allerwenigsten erwarten, mitten in der Bergpredigt, die Mahnung zur Gesetzestreue. Sind wir also als

Jesus ist Grund und Ziel unseres Einsatzes für eine gerechtere Welt. Er widerstand der teuflischen Versuchung zu schnellen Lösungen. Er setzte auf die Bekehrung der Menschen.

Jünger Jesu im wesentlichen Gesetzeslehrer? Vorsicht! »Wenn eure Gerechtigkeit nicht weit größer ist als die der Schriftgelehrten und der Pharisäer, werdet ihr nicht in das Himmelreich kommen« (20). Also: Gesetzestreue bis zum i-Tüpfelchen und »weit größere« Gerechtigkeit. Wie soll man das zusammenbringen? Eine unheimliche Spannung.

In der damaligen Auseinandersetzung um das (jüdische) Gesetz werden Probleme sichtbar und Maßstäbe gesetzt, die uns auch heute betreffen. Der Evangelist hat deutlich zwei Gruppen vor Augen, mit denen er sich auseinandersetzt: die Schwärmer und die Traditionalisten. Letztere (damals die strengen Judenchristen) sehen nur noch Gesetz. Sie sagen: ›Die Kirche hat die Tradition verraten, sie hat den im Alten Bund verbrieften Willen Gottes aufgekündigt. Sie hat das Gesetz abgeschafft und dadurch mit der Tradition gebrochen.‹ Der Evangelist erwidert ihnen: ›Nein, das ist nicht wahr. Was Gott den Vätern verkündet hat, das kommt mit Jesus ans Ziel. Gottes ursprünglicher Rechtswille bleibt gültig, freilich allein so, wie Jesus ihn in seinem Leben ausgelegt hat. Sein Auslegungskriterium ist das Liebesgebot. So hat Jesus das Gesetz erfüllt, und er erwartet von seinen Jüngern, dass sie kein Jota streichen von dieser »Erfüllung« des Gesetzes in der Liebe.‹

Der Evangelist setzt sich nicht nur mit denen auseinander, die nur noch Gesetz sehen, er wendet sich auch an die Adresse der (heidenchristlichen) Schwärmer. Das sind Leute, die vom Gesetz nichts mehr wissen wollen. Vertreter eines gesetzesfreien Christentums: ›Gesetz – da stehen wir drüber.‹ Sie nehmen Jesus als den großen »Liberalen« für sich in Anspruch, als den Revolutionär für eine neue Welt ohne Gesetz.

Wahre Religion trägt zum Frieden in der Welt bei, indem sie Menschen befriedet. Wer Hass schürt und Unversöhnlichkeit praktiziert, kann weder mit Gott noch mit sich selbst im Frieden sein.

»Täuscht euch nicht«, sagt der Evangelist. Jesus hat nicht gesagt: »Den Alten ist gesagt worden: Haltet euch ans Gesetz … Ich aber sage euch: Schafft das Gesetz ab und handelt so, wie ihr es für richtig haltet …« Sicher, die überkommene Gesetzespraxis reicht nicht aus. Jesus geht es um mehr, um die »weit größere Gerechtigkeit«. Aber damit hat er das Gesetz nicht durchgestrichen, er hat es auf einen gemeinsamen Nenner gebracht: die Liebe. Sie ist die Erfüllung des Gesetzes. Man kann nicht das Gesetz gegen die Liebe ausspielen. Gesetzlosigkeit dient nicht der Liebe, sondern lässt sie ausbrennen. Missachtung des Gesetzes dient nicht dem Frieden, sondern gefährdet ihn. Gesetz und Liebe gehören zusammen.

Jesus geht es um die »weit größere« (wörtlich: »überfließende«) Gerechtigkeit. Das Bild vom »Überfluss« bringt die Sache treffend zum Ausdruck, um die es geht. Man stelle sich einen Brunnen vor: Wenn das Wasser heraussprudelt und über den Brunnenrand fließt, ist die Schale oft gar nicht mehr zu sehen. Das Gefäß tritt zurück vor dem »Überfluss«. So tritt in der »überfließenden« Gerechtigkeit das Gesetz vor dem »Überfluss« der Liebe zurück, ohne dass es aufgelöst wäre.

Im Grunde kann man das, was hier gemeint ist, nur im Blick auf Jesus verstehen. Was er für uns getan hat, ist durch kein Gesetz gefordert, es übersteigt unsere vergleichende Gerechtigkeit. Wo kämen wir hin, wenn er auf Gegenseitigkeit bestünde! Er geht weit über das hinaus, was sein muss, er geht tiefer hinein in das, was von Gott her sein soll, er geht Gottes Willen auf den Grund. Er ist die nicht rechnende, wahrhaft überfließende Gerechtigkeit Gottes. Er kommt aus dem Überfluss der Liebe, in der sich Gott an Welt und Mensch verschwendet.

5. Arm und Reich

Ein Gott, der arm wird

Nach der griechischen Sage verspricht Dionysos dem König Midas von Phrygien: »Ich erfülle dir einen Wunsch.« Der König überlegt nicht lange: »Lass alles, was ich berühre, zu Gold werden.« Gesagt – getan. Midas ist gespannt und versucht's mit dem Göttergeschenk. Er berührt einige Dinge, und im Nu funkelt es rund um ihn herum von purem Gold.

Überglücklich setzt sich der König zum Mahl, greift nach Brot und Braten – und er hat ein Stück Gold in der Hand. Er führt den Becher zum Mund, und der Wein wird zu Gold. Midas ist wie vom Schlag getroffen in seinem Glücksrausch. Er erkennt, wohin er in seiner Gier nach Reichtum gekommen ist: Er verhungert und verdurstet. – Reichtum, der verhungern lässt, der das Leben erstarren lässt. Gibt es das nicht auch bei uns?

Unser Gottesgeschenk ereignet sich im Kontrast zur Midas-Sage gerade umgekehrt. Ihr kennt doch die Liebe Jesu Christi, sagt Paulus. Ihr kennt doch das Gottesgeschenk: »Er, der reich war, wurde euretwegen arm« (2 Kor 8,9). Gott und arm – wie soll man das zusammenbringen? Das wirft unsere gängigen Vorstellungen über den Haufen. Wir denken: ›Reiche können Arme mitversorgen, solange sie reich bleiben.‹ Auch der »ewigreiche Gott« kann nach der Logik unserer Ökonomie Menschen nur helfen, solange er selbst reich bleibt. Aber ein Gott, der arm wird, der bringt uns nicht weiter! So denken wir.

Gott denkt anders und handelt anders. Er geht an sein eigenes Grundkapital, er greift in die Substanz ein, in die göttliche Substanz. So sieht das aus: Stall – Krippe – Flüchtlingskind, verkannt – verfolgt – verraten – verlassen. Der Weg zwischen Betlehem und Golgota ist nicht mit Samtteppichen ausgelegt. Gott wird nicht nur pro forma arm.

Was heißt eigentlich reich? Gott definiert neu, was Reichtum ist. Christus ist nicht für sich reich, sondern für andere (»euretwegen«). Er ist darin reich, dass er sich mit allem, was sein ist, verschenkt. Das geht an die Substanz. Denn er gibt nicht etwas, sondern sich. Aber er verliert dabei nicht. Er bezeugt die göttliche Logik der Liebe: Der Gewinn liegt im Geben. Nicht die sind letztlich reich, die viel haben, sondern die viel geben.

König Midas wäre in seinem Reichtum fast verhungert. Nach der Sage findet er Erlösung. Er wird in den Fluss Paktolos geschickt und muss ihn gegen den Strom hinaufgehen, bis zur Quelle. So wird er von seiner Schuld befreit. – Es ist nicht leicht, über allem, was heute als Reichtum verkauft wird, den Reichtum zu entdecken, von dem der Apostel Paulus spricht. Man muss wohl gegen den Strom schwimmen, zur Quelle, Jesus Christus. Sie verströmt sich »für euch und für alle«.

Jesus, das Heil der Armen in Person

Jesu Seligpreisung der Armen steht im Zusammenhang des Alten Testamentes, vor allem der prophetischen Tradition. Sie geht davon aus, dass Gott allein der Besitzer des Landes ist, in dem Israel lebt. Das Land ist allen Israeliten geschenkt. Die Armen sind um diese Verheißung Gottes betrogen worden. Sie haben darum einen besonderen Anspruch auf den Rechtsschutz Gottes. Der Arme vertraut darauf, dass Jahwe ihm sein Recht verschafft. In der exilischen und nachexilischen Zeit wächst die

Erwartung, dass er am Ende der Tage das Heil der Armen ver-
wirklichen wird. Vom Messias heißt es bei Jesaja (61,1 f): »Der
Herr hat mich gesalbt. Er hat mich gesandt, damit ich den
Armen eine frohe Botschaft bringe und alle heile, deren Herz
zerbrochen ist.«

Als Jesus zu predigen beginnt, hat er diese alttestamentliche
Tradition im Kopf und die Armut in Palästina vor Augen. Von
Verelendung und Krankheit ist in den zeitgenössischen Quellen
die Rede. Hohe Steuern und Zölle trafen besonders die kleinen
Leute. Die wirtschaftliche Ausbeutung entsprang nicht zuletzt
unterschiedlichsten Herrschaftsinteressen (Herodianer, römi-
sche Besatzungsmacht). Das bekamen die Leute auf dem Land
noch mehr zu spüren als die in der Stadt. Auf dem Land waren
die Ärmsten der Armen: Bettler, Tagelöhner (oft ohne Arbeit),
sozial und wirtschaftlich Entwurzelte, Kranke und Verkrüp-
pelte, allesamt vom Gesetzesstudium und damit von religiöser
Anerkennung und Bildung ausgeschlossen. Von Gott und der
Welt verlassen, zu kurz gekommen und an den Rand gedrängt,
waren sie sprichwörtlich »die Armen vom Lande«.

In dieser Situation und unter solchen Menschen tritt Jesus
auf, selbst ein Sohn kleiner Leute. Er ist dem Stall näher gewesen als dem Palast. Er wird zu Anfang in eine Krippe gelegt, die
anderen gehört. Er wird am Ende in ein Grab gelegt, das einem
anderen gehört. Das ist sein Weg. »Die Füchse haben ihre
Höhlen und die Vögel ihre Nester; der Menschensohn aber
hat keinen Ort, wo er sein Haupt hinlegen kann« (Mt 8,20).
Er hat nicht den Armen gespielt, er ist selbst arm gewesen. Er
musste sich nicht krampfhaft mit den Armen solidarisieren, er
war einer von ihnen.

Der Weg in die Nachfolge führt in die Armut. Es geht kein Weg
daran vorbei. Man kann nicht von Jesus sprechen und die Armut
verschweigen.

Jesus ist Arm und Reich gegenüber nicht neutral gewesen. Sicher: Seine Sendung galt allen Menschen. Aber die Armen standen ihm besonders nahe. Er hat zu ihnen anders gesprochen als zu den Reichen. Seine Sprache ist eindeutig: hier verheißungsvoll (»Selig …«), dort warnend, drohend (»Weh euch …«).

Was heißt das, wenn den Armen die Gottesherrschaft zugesprochen wird? Zu leicht wird das als Vertröstung auf den Sankt-Nimmerleins-Tag verstanden. Das entspricht nicht dem Verhalten Jesu. Anders als die Apokalyptik, in der die Gegenwart als heillos gilt und Gottes Heil allein für die Zukunft erwartet wird, ist für Jesus das Hier und Jetzt von der heilvollen Nähe Gottes bestimmt. Er spricht zwar auch vom Reich Gottes als einer zukünftigen Realität, doch ist für ihn diese Zukunft an die Gegenwart gebunden. In ihr ist die Nähe des Reiches wahrzunehmen: »Blinde sehen wieder, und Lahme gehen; Aussätzige werden rein, und Taube hören; Tote stehen auf, und den Armen wird das Evangelium verkündet« (Mt 11, 5). Das ist nicht bildlich zu verstehen: Wie die Blinden, die Jesus heilte, tatsächlich blind waren und die Aussätzigen vom Aussatz befallen, so sind die Armen Menschen, denen das Lebensnotwendige fehlt. Sie kommen jetzt zu ihrem Recht. Sie haben Zukunft bei Gott, sie sind Bürger der Gottesherrschaft. Jesus vertröstet sie nicht auf spätere Zeiten, jenseits von Welt und Geschichte. Er beginnt mit dem, was kommt, zeichenhaft. Gottes Herrschaft lässt nicht länger auf sich warten.

Die kommende und bereits in die Gegenwart einbrechende Gottesherrschaft schafft eine neue Wertordnung. Die Maßstäbe der gängigen Ordnung werden durchbrochen: Die nach

Das ist die größte Hypothek, die auf dem Reichtum lastet: dass er dem Glauben im Wege steht.

diesen Maßstäben Deplazierten und Deklassierten werden seliggepriesen. Die Herren und Herrschaften der Welt, die sich wie Herrgötter gebärden, haben in der Herrschaft Gottes keinen Platz. Die verheißene und ansatzweise schon verwirklichte Zukunft Gottes für die Armen ist darum das Wehe über die Reichen. Die Seligpreisung der Armen ist das Gericht über die Reichen und der Ruf zu ihrer Umkehr, also Gericht im Sinne der Richtigstellung.

Die Gefahren des Reichtums

Kein Theologe des Neuen Testaments hat sich so ausführlich mit dem Problem von Armut und Reichtum in der Kirche (und damit indirekt auch in der Welt) auseinandergesetzt wie Lukas. Darin spiegelt sich eine kirchliche Entwicklung, in der zunehmend auch Wohlhabende und Besitzende zur Gemeinde gehörten. Ob es da Spannungen gegeben hat wegen der sozialen und finanziellen Unterschiede? Auffällig ist jedenfalls, wie oft Lukas die Gefahren des Reichtums beschwört.

In der Tat: Wer viel besitzt, wird in Gefahr sein, sich in sein Vermögen zu verlieben. Das gewinnt eine Eigendynamik nach Immer-Mehr. Das verführt dazu, sein Herz daran zu hängen und auf keinen Fall mehr davon zu lassen. Wer wüsste das nicht von sich selbst? Wer sähe das nicht in unserer Haben-Gesellschaft? Wer viel besitzt, muss es auch sichern – zur Not mit Gewalt. Wer das Heil von Geld und Vermögen erwartet, wird sich entsprechend rüsten müssen – zur Verteidigung seines Besitzstandes.

Dabei muss es nicht unbedingt Geld sein und materieller Reichtum. Es gibt auch einen intellektuellen Kapitalismus, der nicht minder aufgerüstet daherkommt. Wissen, Macht und Geld – das sind drei Großmächte, die einen eigenartigen Hang

Wir finden immer einen Grund, nicht radikal zu sein. In der Nach-
sicht mit uns selbst sind wir grenzenlos.

zur Absolutsetzung in sich haben. Wer darauf baut, muss bis ins Innerste seines Herzens »auf Abwehr« eingestellt sein. Hier liegt eine Quelle der Rechthaberei, des Unfriedens und der Gewalttätigkeit. Deshalb ist der Reichtum allgemein ein Problem, besonders aber in der christlichen Gemeinde.

Genau deshalb schildert nur Lukas die Jünger zur Zeit Jesu als solche, die freiwillig alles verlassen haben (5,11.28; 12,33; 14,33). Deshalb nimmt er den »reichen Jüngling« als abschreckendes Beispiel für einen Wohlhabenden, der aufgrund seines Besitzes zur Nachfolge unfähig ist (18,18–30). Deshalb schildert er die Pharisäer als geldgierig (16,14). Immer hat er dabei die Reichen in seiner Gemeinde im Auge. Wenn die Jünger früher freiwillig alles verlassen haben, so sollten die Reichen jetzt wenigstens freiwillig teilen und sich einen Schatz zulegen, der nicht zerschmilzt. Und dieser Schatz sind die Armen, mit denen sie teilen. Ganz wie der Oberzöllner Zachäus: »Herr, die Hälfte meines Vermögens will ich den Armen geben, und wenn ich von jemand zu viel gefordert habe, gebe ich ihm das Vierfache zurück« (19,8).

Selig, die arm sind vor Gott

Matthäus schreibt sein Evangelium in den Jahren nach 70, als die christliche Gemeinde sich immer deutlicher vom Judentum absetzt und ihre eigenen Konturen gewinnt. Es ist bemerkenswert, wie er die Kirche beschreibt. Das Bild ist nicht idealistisch verbrämt, sondern sehr realistisch. Sie ist nicht mit dem Gottesreich zu verwechseln, sie ist eine sehr gemischte Gesellschaft. Unkraut und Weizen wachsen in ihr bis zur Ernte, bis zum Tag des Gerichts (13,24–30.36–43); das Netz, das ins Meer

Arm und Reich

geworfen wird, bringt gute und faule Fische ans Land (13,47–50), und im Hochzeitssaal finden sich »Böse und Gute« (21,10). Die Bösen sind nicht draußen vor den Toren, sondern mitten drin. Die Kirche ist gefährdet, weil in ihr der Name Jesu missbraucht wird, um ein Verhalten zu decken, das Jesu Forderung der besseren Gerechtigkeit nicht entspricht (»Hütet euch vor den falschen Propheten ... Nicht jeder, der zu mir sagt: Herr, Herr ...«, 7,15.21 ff).

Matthäus hat ganz realistisch seine Kirche vor Augen. Wie ist der Anspruch Jesu, der als prophetischer Wanderprediger von Ort zu Ort gezogen ist, durchzuhalten, wenn die Gemeinde feste Strukturen gewinnt und sich als Ortskirche etabliert, wenn Menschen sich nicht etwa nur in charismatischem Aufbruch begeistern lassen, sondern die Entscheidung ein Leben lang durchzutragen haben, Menschen mit ihrer Familie, mit ihrem Beruf, einem festen Wohnsitz?

In dieser Situation kann Matthäus die Proklamation Jesu (»Selig die Armen ...«) nicht einfach wiederholen. Er annulliert nicht Jesu Proklamation der neuen Ordnung Gottes, in der die Armen zu ihrem Recht kommen. Aber er schärft ihre Konsequenzen ein: Grundhaltungen (Tugenden), die den Jünger charakterisieren und ihn für Gottes Reich qualifizieren. Das äußere Tun macht's nicht, das innere Wesen entscheidet. Gottes Anspruch muss den Jünger bis ins Herz prägen. Die Armut wird zu einer geistlichen Grundhaltung. »Selig, die arm sind vor Gott ...«, das ist wie eine Überschrift über die matthäischen Seligpreisungen. Man könnte auch sagen: Selig sind, die ihr Herz noch zu verschenken haben, deren Hoffnung noch Flügel hat, deren Liebe noch hungrig ist.

Sozialleistungen sind nicht das, was übrig bleibt, wenn die Starken genug haben. Die Schwächeren haben ein Recht darauf, ein Recht auf ein menschenwürdiges Leben.

Armut ist nicht allein eine Sache der Brieftasche und des Brutto-Sozialproduktes. Arm vor Gott ist der, der die Grenzen seiner Geschöpflichkeit wahrnimmt, der nicht daran verzweifelt oder sich darüber hinwegzutäuschen versucht, sondern sie annimmt, mehr noch: der sich darin von Gott angenommen weiß. Arm sein vor Gott meint: Ich darf der sein, der ich bin, in meinen Grenzen. Ich muss nicht mehr sein oder darstellen, als ich bin. Wert und Anerkennung muss ich mir nicht selbst verschaffen; ich brauche sie mir nicht von anderen zu erbetteln oder zu erzwingen. Sie sind mir von Gott geschenkt. Ich bin ihm trotz meiner Erbärmlichkeiten liebenswert genug. Darum darf ich ich selbst sein.

»Selig, die arm sind vor Gott«, das heißt: Selig die Empfänglichen. Damit sind die gemeint, die hier noch nicht alles haben, die offen genug sind, um sich etwas schenken zu lassen, die so arm sind, dass Gott ihr Reichtum werden kann. Diese Art Armut ist eine Herausforderung an unser Bewusstsein. Der neuzeitliche Mensch erträgt sie nur noch sehr schwer. Er möchte sie überspringen, indem er sich selbst zum »Gott« macht. Die Macher, die alles im Griff zu haben meinen, verdrängen die Armut unserer Geschöpflichkeit und Endlichkeit.

Die geistige Grundhaltung ist von großer Bedeutung. Wenn es so weit kommen könnte, dass die Armut beseitigt wäre und alle genug zum Leben haben, könnten wir dann den Punkt abhaken und sagen: »Das hat sich erledigt. Das können wir aus der christlichen Verkündigung streichen«? Das kann doch ganz und gar nicht gemeint sein. Gemeint ist doch wohl, dass der Geist der Armut aus dieser Welt nicht verschwinden darf: das, was den heiligen Franziskus dazu trieb, aus einer sehr etablierten Stellung auszusteigen und ein anderes Leben zu suchen.

Die Armen hungern, nicht weil wir zu viel essen, sondern weil wir zu wenig denken, zu kleinkariert nur an uns selber denken.

Wer unabhängig von dem ist, was zu haben ist, der gewinnt eine große Freiheit und Unabhängigkeit. Wie wir ja umgekehrt immer wieder feststellen, dass jemand in dem Augenblick, wo er in das Etabliertenstadium hinübergeht, sich in seiner ganzen psychischen Struktur schnell verändern kann in eine Richtung, in der er diese Freiheit und Unabhängigkeit verliert.

6. Begegnungen

In Alltagssituationen

Man ist versucht zu denken: Wenn Jesus sich letztlich »Gott allein« verpflichtet weiß und vom Willen Gottes lebt (vgl. Joh 4,34), dann ist sein Weg festgelegt; er ist durch ein inneres Hören und Sagen so mit dem Vater verbunden, dass er immer schon im voraus weiß, was er zu tun hat; sein Gehorsam ist immer schon im voraus fix und fertig.

Die Evangelien vermitteln ein anderes Bild: Jesus begegnet konkreten Menschen in konkreten Situationen, in Alltagssituationen zumeist. Jesus ist bei Simon zu Gast (Lk 7,36–50). Eine Sünderin nähert sich ihm unter Tränen: »Sie trocknete seine Füße mit ihrem Haar, küsste sie und salbte sie mit dem Öl.« Der Pharisäer Simon ist empört: »Wenn er wirklich ein Prophet wäre, müsste er wissen …« Jesus wendet sich ihm zu: »Simon, ich möchte dir etwas sagen …«, und er erzählt das Gleichnis von den beiden Schuldnern. Jesus kommt nicht mit einem fertigen Predigtkonzept. Er entdeckt Gottes Willen in der konkreten Situation und spricht ihn im Gleichnis aus. Das Leben der Menschen mit seinen Enttäuschungen und Hoffnungen ist wie ein Text, aus dem Gottes Wille spricht und entziffert wird.

Jesus ist unterwegs nach Galiläa. Er hat einen langen Weg hinter sich, auf einer uralten Straße. Die Bewohner Sychars können stolz auf ein Grundstück zeigen, das Jakob seinem Sohn Josef vermacht hat. Dort ist der Jakobsbrunnen, an dem Jesus sich ausruht (Joh 4,5 f).

Seit Urväter Zeiten ist viel geschehen, eine Art Brunnenvergiftung: »Die Juden verkehren nämlich nicht mit den Samaritern« (4,9). Erbfeindschaft im Heiligen Land – das ist ein altes Thema mit vielen dunklen Variationen bis heute. Tief prägen sich über Generationen genährte Feindschaften in das Bewusstsein der Menschen ein. Stellen Sie sich vor: Ein Israeli begegnet heute einer Palästinenserin am Brunnen und bittet sie um Wasser. Eine Grenzüberschreitung! Die hat Jesus ausdrücklich vorgenommen (er bekennt sich als Jude, 22). Er ist bewusst über die Grenzen gegangen, nach Samaria und auf die Menschen dort zu.

Er hat die Grenze noch in anderer Weise überschritten. Hier spricht nicht nur ein Jude mit einem Samariter, hier bittet ein jüdischer Mann eine samaritische Frau um Wasser. Völlig unverständlich zur damaligen Zeit! Die Frau kann es nicht fassen: »Wie kannst du nur …« »Wie kannst du als Jude mich, eine Samariterin, um Wasser bitten?« (9). Auch die Jünger kommen da nicht mit (27).

Übrigens: Diese doppelte Grenzüberschreitung ist kein einmaliger Fall. Als Jesus über die Grenze zu den Heiden geht, die für die Judem »gottlose« Gegend um Tyrus und Sidon betritt, ist es wiederum eine Frau, die ihn diesen Schritt tun lässt (vgl. Mt 15,21–28, die Syrophönizierin).

Jesus spricht mit einer ihm fremden, namenlosen, sich »am Rande« bewegenden Frau. Er tut es, als wäre es in seiner Situation das Selbstverständlichste von der Welt. Er bittet sie um Wasser. Und er lässt sich von ihr für das Gespräch die Stichworte geben, greift sie auf, führt sie weiter. Kein »von oben herab«, keine Besserwisserei, kein Abkanzeln. Er gibt ihr auch keinen Sonderkurs für Minderbemittelte, hält keine Predigt für einfältige Gemüter. Er mutet ihr das ganze Evangelium zu und traut es ihr zu. So ist Jesus. Er zeigt keine Berührungsangst gegenüber den Frauen, ist souverän in seiner Zuwendung. Er geht davon aus, dass Mann und Frau die gleiche Würde und den gleichen Wert besitzen (vgl. Mt 19,3–9). Da haben die Kirchen nach zwei Jahrtausenden noch einiges aufzuholen.

Die Frau ist in dieser Begegnung mit Jesus nicht einfach durch irgendeinen x-beliebigen Gesprächspartner zu ersetzen. Mit Nikodemus zum Beispiel (vgl. Joh 3) hätte das Gespräch an diesem Ort so nie geführt werden können. Es lebt davon, dass es mit einer Frau geführt wird. Es lebt von den weiblichen Symbolen: Quelle, Brunnen, Schöpfgefäß. Quelle und Brunnen sind Orte, von denen Leben ausgeht. Orte des Schöpfens und der Schöpfung, Orte, an denen Erschöpfte neu zu Kräften kommen.

Zuvorkommend

Im Mittelpunkt des Gleichnisses vom verlorenen Sohn (vgl. Lk 15,11–32) steht der Vater. Er sieht den heimkehrenden Sohn schon von Ferne und läuft ihm entgegen. Welcher Patriarch damals (und heute) wäre wohl derart zuvorkommend! Keinerlei moralisierende Mahnungen, keine frommen Sprüche, keine herablassende Besserwisserei. Stattdessen tiefes Mitleid, Erbarmen. Alles, was der mütterliche Vater in Gang setzt, ist Ausdruck dieser zärtlichen Haltung: »Dieser mein Sohn war tot, und nun lebt er« (24).

Im Verhalten dieses Vaters erläutert Jesus sein eigenes Verhalten. Auch er geht »voller Erbarmen« auf die Zöllner und Sünder, die Dirnen und Unreinen zu und setzt sich mit ihnen an einen Tisch. In seinem Tun wird offenbar, wer Gott ist. In seinem Tun geht die Sonne des Vaters auf über Guten und Bösen. Da bricht mitten in unsere Welt etwas Neues ein. Ja, der Gott, der hier zur Welt kommt, ist in der Tat ganz anders als alle Welt. Er kommt entgegen, wo andere sitzen blieben. Er schenkt den Freiraum neuer Anerkennung, wo andere verurteilen. Er freut sich einfach über die Heimkehr des Verlorenen, wo andere rechnen und sich besser dünken.

Gott, der Gott Jesu Christi, ist anders. Aber diese Andersartigkeit ist nicht die eines dunklen Rätsels, so dass wir sagen könnten: »Frag nicht, sondern glaube.« Nein, Gott ist überraschend anders, weil er vorbehaltloses Entgegenkommen ist. Er offenbart sich als ein leidenschaftlicher »Liebhaber des Lebens« (Weish 11,23), der sich unglaublich freuen kann, wenn Menschen endlich wieder aufblühen und zum Leben kommen.

Wie in einer Doppelstrophe wird in dem Gleichnis der Satz des Vaters wiederholt: »Dieser mein Sohn (dein Bruder) war tot und lebt wieder; er war verloren und ist wiedergefunden« (24.32). Es sind österliche Worte. So können wir die österliche Bußzeit begreifen als die Zeit, da wir in uns gehen, um uns von dem wiederfinden zu lassen, der nichts als vorbehaltlose Liebe sein will. So können wir diese Zeit geprägt sehen von dem Bild des mütterlichen Vaters, der uns sehnsüchtig erwartet und entgegenkommt und zu uns sagt: Du, mein Sohn, meine Tochter, warst tot, und endlich lebst du wieder.

Jesus nahm den Menschen die Last, sich selbst rechtfertigen zu müssen. Er ließ sie in Gottes Barmherzigkeit aufatmen.

Zwei Jünger – so erzählt das Lukasevangelium (24,13–35) – sind unterwegs. Geschlagene Leute! Sie lassen den Kopf hängen und sehen die Sonne nicht mehr. Von Ostern keine Spur. Sie gehen weg von dort, wo das Kreuz stand, weg von dort, wo ihre Zukunftspläne platzten, wo sie ihre Hoffnung begraben haben. Mit anderen Worten: Sie verlassen die Gemeinde, sie treten aus.

Die Geschichte mit Jesus ist für sie passé. Sie wissen zwar noch zu erzählen, was er alles gesagt und getan hat, aber sie können nur traurig davon erzählen. Sie haben mit all ihrem Wissen Jesus nicht. Was sie von den anderen Jüngern sagen, das trifft auch für sie zu: »Ihn selbst aber sahen sie nicht« (24).

Was den beiden Jüngern das Herz so schwer macht? Sie sagen es frei heraus: Sie haben auf Jesus gesetzt, von ihm das Heil erwartet (21). Und nun ist er schmählich gescheitert am Kreuz. Das ist der Punkt, über den sie nicht wegkommen, der tote Punkt. Wer so elend endet, kann doch nicht auf Seiten Gottes stehen. Ohnmacht in der Gotteserfahrung, im kirchlichen Alltag, im persönlichen Leben. Oft genug sind wir dann mit Gott und der Kirche oder auch mit uns selbst überkreuz und machen uns schließlich aus dem Staub: weg, weit weg.

Während die zwei niedergeschlagen und enttäuscht ihren Weg gehen, »kam Jesus hinzu und ging mit ihnen« (15). Keine umwerfende Erscheinung, kein spektakulärer Auftritt, sie erkennen ihn zunächst gar nicht. Sie sind wie mit Blindheit geschlagen – wie unsereins oft genug. Sie müssen ihn neu kennenlernen. Der unbekannte Dritte fragt, hört zu, bringt zum Nachdenken. Er verweist auf die Heilige Schrift, erschließt ihnen von dorther neue Perspektiven in ihrer Ratlosigkeit.

Jesus geht den langen Weg der beiden Jünger mit, durch das Tal ihrer Hoffnungslosigkeit. In den entscheidenden Fragen des Glaubens und des Lebens gibt es keine Abkürzungen. Da muss man sich Zeit lassen und Geduld haben mit sich und den anderen – die Eltern mit den Kindern. Es ist tröstlich zu wissen, dass man Jesus nicht erst am Ende des Weges trifft, sondern schon unterwegs.

Der Weg ist lang, bis es dämmert. Der Abend bricht an. »Bleib doch bei uns …« (29), drängen die beiden Jünger; man kann's nur allzu gut verstehen. Der Abend ist mehr als eine Tageszeit. Die Dunkelheit bricht ein. Wer die Nacht des Lebens kennt, wer erfahren hat, dass es finster aussieht, wer weiß, dass die Zeit zu Ende geht, der ahnt, was hier gemeint ist. Dann eingeladen zu sein ins Haus, an den Tisch – das ist wie ein Geschenk des Himmels. »Da ging er mit ihnen hinein, um bei ihnen zu bleiben« (29).

Und er, der Fremde, »nahm das Brot, sprach den Lobpreis, brach das Brot und gab es ihnen« (30). Da fällt es ihnen wie Schuppen von den Augen, und sie erkennen ihn. Jesus schenkt sich ihnen in der Mahlgemeinschaft. Zweimal wird's gesagt, dass jeder es merkt: Das Brotbrechen, das Teilen des Lebens ist das Geschehen, in dem Jesus erkannt wird. Da gehen die Augen auf und das Herz. Da wandelt sich im Namen Jesu nicht nur das Brot. Da wandeln sich die müden, bleiernen Herzen zu brennenden Herzen: »Brannte uns nicht das Herz in der Brust …« (32).

Haus, Tischgemeinschaft: Da könnte man sich häuslich niederlassen. Aber Emmaus ist nur eine Station auf dem Wege. Wenn man angesteckt ist und wenn das Herz brennt, dann gibt es nichts Wichtigeres, als aufzubrechen. »Noch in derselben Stunde brachen sie auf …« (33). Sie eilen zu den anderen. Und

Der Weg zum Glauben führt über die Wunden. Sie sind nicht Zeichen der Abwesenheit Gottes, sie werden vielmehr zum Ort der Gottesbegegnung.

Begegnungen

was sie dort hören, können sie selbst bezeugen: »Der Herr ist wirklich auferstanden« (34), er lebt! Licht in der Nacht! Ungeahnte Horizonte tun sich den Wanderern auf für ihren Lebensweg.

7. Nachfolge

Wo wohnst du?

Jesus fragt die ersten Jünger, die ihm folgen: »Was wollt ihr?
Sie sagten zu ihm: Meister, wo wohnst du? Er antwortete:
Kommt und seht! Da gingen sie mit und sahen, wo er wohnte,
und blieben jenen Tag bei ihm« (Joh 1,38 f).

Wohnen und Leben gehören zusammen. Um einen Menschen kennenzulernen, muss man sehen, wo er wohnt, was
sein Zuhause ist. Die Wohnung, in der wir leben, gehört zu
uns. Möbel und Bilder, Bücher und Spielzeug, Pflanzen und
Geschirr machen aus den »vier Wänden« erst unverwechselbar
unser Daheim und zeigen wie unsere Kleidung, wer wir sind.
Die Wohnung, in der ein Kind aufwächst, ist seine erste Welt.
Jeder weitere Schritt nach draußen führt immer wieder in diese
seine erste Um-Welt zurück, die es sich vertraut gemacht hat.
Darum spielen in den Träumen Wohnung und Haus eine so
bedeutende Rolle. Es gibt wirklich eine Innenwelt in uns, die
es zu bewohnen gilt.

Dazu ermuntert uns der Glaube ausdrücklich. Im Epheserbrief heißt es, Gott »möge euch aufgrund des Reichtums seine
Herrlichkeit schenken, dass ihr in eurem Inneren durch seinen Geist an Kraft und Stärke zunehmt. Durch den Glauben

Wenn Gott ruft, geraten Menschen in Bewegung. Es gibt Situationen, da muss man alles liegen und stehen lassen, da gibt es nur noch eins: Hinter Jesus her.

wohne Christus in eurem Herzen. In der Liebe verwurzelt und auf sie gegründet, sollt ihr zusammen mit allen Heiligen dazu fähig sein, die Länge und Breite, die Höhe und Tiefe zu ermessen und die Liebe Christi zu verstehen, die alle Erkenntnis übersteigt. So werdet ihr mehr und mehr von der ganzen Fülle Gottes erfüllt« (3,16–19).

Welche Verheißung! Wir können und sollen als Christen wachsen und erstarken. Der »innere Mensch« soll im Laufe des Christenlebens immer mehr zur Reife und Erfüllung kommen können. Jeder soll das innere Ausmaß seiner Lebensgeschichte entdecken, seine besonderen Gaben und seine Grenzen. Die Entdeckung der eigenen Innenwelt geht dabei Hand in Hand mit der Entdeckung des »Ausmaßes« der Liebe Gottes. Sie hat kein innerweltliches Maß, sie ist unerschöpflich.

Der kleine Prinz (Antoine de Saint-Exupéry) erzählt: »Als ich ein Knabe war, wohnte ich in einem alten Haus, und die Sage erzählte, dass darin ein Schatz versteckt sei. Gewiss, es hat ihn nie jemand zu entdecken vermocht, vielleicht hat auch nie jemand gesucht. Aber er verzauberte dieses ganze Haus. Mein Haus barg ein Geheimnis auf dem Grund seines Herzens … Was seine Schönheit ausmacht, ist unsichtbar!«

Das Menschenhaus birgt ein Geheimnis. Jeder Mensch ist »Geheimnisträger«. In der Tiefe unseres Wesens wohnt Gott. Das lebendige Bild Gottes ist jeder Seele eingeprägt – mag es auch noch so verschüttet sein. »Du leuchtest in meiner Seele wie die Sonne auf dem Gold«, sagt Mechthild von Magdeburg. Und Augustinus: »Gott, du bist mir innerlicher (intimer), als ich mir selbst bin.« Gott wartet darauf, dass er entdeckt wird. Das ist die eigentliche Berufung des Menschen, dass Er durchkommt, durch unser Leben. Im Glauben erkennen wir, dass er längst unser Gast ist. Und wir können jene Gastfreundschaft üben, deren wesentlicher Ausdruck das Gebet ist, das Zwiegespräch mit ihm.

»Wenn einer mir dienen will, folge er mir nach; und wo ich bin, dort wird auch mein Diener sein« (Joh 12,36). Das ist eine klare Platzanweisung.

Wo ist Jesus? Bei ihm dreht sich nicht alles um die eigene Achse, er sah von sich ab und machte den anderen zum Maßstab seines Handelns. Er war nicht auf seine Position bedacht, es ging ihm um uns. Er forderte nicht für sich, er gab. Er lebte nicht auf Kosten anderer, er ließ sich seinen Einsatz für die Menschen etwas kosten. Er ließ sich nicht bedienen und wollte erst recht nicht verdienen, er diente. Er gab sich hin als Weizenkorn in den Acker der Welt. Aus dieser Hingabe ist das neue Leben geboren. Er ist Garant dieses rätselhaften Wortes: »Wer an seinem Leben hängt, verliert es; wer aber sein Leben in dieser Welt gering achtet, wird es bewahren bis ins ewige Leben … Wo ich bin, da wird auch mein Diener sein.«

Hingabe ist Gewinn. Man rettet nur, was man gibt. Erst das Loslassen ermöglicht neues Leben, neues Wachstum. Heute reden wir von Service und von Dienstleistungen, von Kundenorientierung. Mobilität und Flexibilität zeichnen den erfolgreichen Angestellten aus, der im Aufzug zwischen dem ersten und dritten Stock erklären kann, wo sein Platz in der Wertschöpfung der Firma ist. Dienen meint Wertschöpfung in einem anderen Sinn.

Die alleinerziehende Mutter einer behinderten Tochter, die sagt: »Wir sind überzeugt, dass behindertes Leben ein schönes Leben ist«, hat den Sinn ihres Lebens entdeckt in der Beziehung zu anderen, die auch in Krankheit und Verlusten trägt. Die Krise der Kirche wird nicht durch ein verbessertes Angebot an Dienstleistungen überwunden. Es kommt darauf an, dass wir uns mit anderen auf den Weg Jesu machen: »Wenn das Weizenkorn nicht in die Erde fällt und stirbt, bleibt es allein.«

Jesus nachfolgen, das heißt: dienen, teilen, sterben und so Leben gewinnen, heißt, dass die Diener Jesu die tägliche Verzweiflung und die Ängste der Verlierer und der Fremden wahrnehmen, dass sie auf den Boden der Realitäten kommen, dahin, wo Menschen zum Himmel schreien. Das ist der Ort, wo Jesus ist.

Wenn man sich auf den Weg macht

Christen sind keine Einzelkämpfer. Die hinter Jesus her sind, halten Tuchfühlung nach rechts und links, haken sich ein. »Einer trage des anderen Last.« Auch die, die nicht so recht mitkönnen, nehmen wir mit. Wir wagen den Weg gemeinsam, in der Gemeinschaft von Männern und Frauen, von Jugendlichen und Älteren, von Ausländern und Einheimischen. Für die, die hinter Jesus her sind, gilt nicht das Recht des Stärkeren, sondern das Recht des Schwächeren.

Wenn man sich auf den Weg macht, sollte man möglichst wenig Gepäck mitnehmen. Jesus sagt das seinen Jüngern (Mt 10,5–12): »Steckt nicht Gold, Silber und Kupfermünzen in euren Gürtel. Nehmt keine Vorratstasche mit auf den Weg …« Haben wir nicht in der Regel viel zu viel Zeug bei uns? Die viel mitnehmen, haben es unterwegs schwer. Das ist ein Problem unserer alten Kirche in Europa: Es hat sich im Laufe der Jahrhunderte so viel bei uns angesammelt. Wir schleppen viel zu viel Ballast mit uns herum. Wer nicht viel Gepäck hat, bleibt beweglich, ist veränderungsbereit. In diesem Punkt haben uns die armen Kirchen im Süden viel voraus. Sie sind unsere Partner, auch unsere Lehrmeister.

Jeder Dienst in der Kirche hat keine andere Legitimation als die Nachfolge Jesu. Die Platzanweisung ist eindeutig: Hinter Jesus!

In einer Gesellschaft, in der das Haben, das Besitzen domi-
niert und Scharen von »Besessenen« produziert werden, ist es
notwendig, dass junge Leute da sind, die sagen: Das kann doch
nicht alles sein. Weniger kann mehr sein. Lassen wir's, in Gottes Namen. Das ist ein Zeichen von Freiheit. Wer hinter Jesus
her ist, der nimmt nur das Notwendigste mit. Werden wir die
Erfahrung vermitteln können, dass weniger (an Sachen) mehr
(an Freiheit) sein kann? Nur so, indem wir selbst einfach leben,
Armut erfahren, werden wir für die Armen sensibel sein. Sie
gehören nach vorn, an die Spitze. »Die Armen zuerst!«

Wer sich auf Jesus beruft, kommt an den Armen nicht vorbei. Jesus selbst war einer von ihnen. Er hat niemanden von seiner Liebe ausgeschlossen. Aber die Armen standen ihm besonders nah. So muss es auch bei uns sein: Die Armen zuerst! Das
ist eine Priorität, die das Evangelium unserem Denken und
Handeln setzt.

Wer sein Vermögen hergibt

Von Anfang bis Ende geht es der Erzählung vom reichen Mann
(Mk 10,17–27) darum, Gottes Gegenwart zu entdecken und
ernst zu nehmen: »Niemand ist gut außer Gott, dem Einen«
(18) und »Für Gott ist alles möglich« (27). Darin liegt die
Chance zur Lebenswende.

Sie begegnet dem Reichen in Jesus, in seinem Ruf: »Komm
und folge mir nach!« (21). Das ist der Ruf zum Leben. Keiner ist da abgeschoben, keiner ist auf seinen Besitzstand festgelegt. Keiner ist – vor Gott – fix und fertig. Jesus traut ihm zu,
dass er alles lassen kann, was nur Lebens-Mittel ist. Er lockt
ihn von Haben-Wollen zum Sein. Die Chance ist gegeben, in
diesem Augenblick: »Da blickte ihn Jesus an und gewann ihn
lieb« (21). Man könnte auch übersetzen: Er umarmte, er küsste

Die Nachfolge Jesu garantiert uns kein schmerzfreies Leben. Es gibt keine Erneuerung der Kirche, kein Heil für die Welt am Kreuz vorbei. Und Golgota ist nicht Oberammergau.

ihn. Damit ist alles gesagt. Darin liegt die Chance des Lebens, in dieser Zuwendung Gottes. Doch der Reiche hat alle Hände voll. Er kann die Umarmung nicht erwidern. Der reiche Mann kann sich nicht von seinen Hab-Seligkeiten trennen. »Er hatte ein großes Vermögen« (22). Daran hängt er. Er hat Angst, es zu lassen.

Die Radikalität der Erzählung liegt im Anspruch des Glaubens. Armut ist zunächst nicht ein asketisches Prinzip, sondern Ausdruck des Glaubens: Ich kann mich auf Gott verlassen, darum kann ich gelassen alles andere lassen. Wer sein Vermögen hergibt, gewinnt das Leben. Das ist die größte Hypothek, die auf dem Reichtum liegt: Er steht dem Glauben im Weg. Es ist die Zuversicht der Erzählung, dass der, der sich glaubend auf Jesus einlässt, die Freiheit gewinnt, sein Vermögen und sich selbst zu lassen.

Mit dem Reich Gottes ist es – erzählt das Gleichnis – wie mit einem Schatz. Er liegt im Acker vergraben. Jemand entdeckt ihn und in seiner Freude geht er hin und verkauft alles, was er hat, für den Schatz (vgl. Mt 13,44). Der reiche Mann ist auf den Schatz gestoßen, er ist Jesus begegnet. Statt dass er mit Freuden alles gibt, zieht er mit seiner Habe traurig davon (Mk 10,22), den Weg zum Tod, nicht zum Leben. Eine Tragödie: Er will das Leben gewinnen, und er verliert es, weil er es festhält. Er verpasst die Chance zur Lebenswende. Die traurige Geschichte von einer missglückten Jüngerberufung.

Wenn jemand sich ganz auf Gott einlässt und ihm sein Leben überlässt, dann kann er getrost viele Dinge lassen, wie der Mann, der den Schatz seines Lebens findet und alles für ihn hergibt (vgl. Mt 13,44). Er wird frei wie kaum jemand sonst. Er muss keine Angst mehr um sich selbst haben, er hat den Rücken frei. Für ihn wird wichtig, was andere als unwichtig ansehen; und es wird unwichtig, was anderen ihr »Ein und Alles« ist.

Macht! – Macht hat ihren Wert. Sie gibt uns die Möglichkeit, etwas zu machen. Viele denken: »Man kann doch nicht leben ohne Einfluss, ohne Position, ohne Macht.« Doch, das geht! Ich brauche nicht erst etwas aus mir zu machen, um etwas zu sein. Gott bin ich schon so wertvoll genug. Und wo die Herrschaft Gottes ganz ernst genommen wird, da fällt die Herrschaft von Menschen über Menschen. Da finden sich Menschen, die sagen: »Für mich gibt's nur eins: das gemeinsame Hören auf den einen Herrn. Das ist der Gehorsam. Und nun lass' ich Macht und Position um Gottes willen. Ich bin so frei. Gott schenkt mir diese Freiheit.«

Ehe! – Die Ehe ist gut! Wir alle verdanken uns unseren Eltern. Ohne sie wären wir nicht. Die Ehe ist gut; alles ist sie nicht. Und es ist gefährlich, wenn jemand zum anderen sagt: »Du bist mein Ein und Alles!« Da wird er ihn bitter enttäuschen, das kann er nicht halten. Alles ist er nicht. Die Ehe ist nicht alles. – Da gibt's Menschen, die sagen: »Nichts gegen die Ehe! Aber alles ist sie nicht. Und nun lass ich die Ehe um Gottes willen. Gott ist mein Ein und Alles. Ich bin so frei. Gott schenkt mir diese Freiheit.«

Besitz! – Besitz ist gut, wir gebrauchen ihn zum Leben. Viele denken: »Man kann doch nicht leben, ohne etwas persönlich zu besitzen. Das gibt's doch gar nicht!« – Doch, das gibt's: Menschen, die sagen: »Nichts gegen den Besitz. Aber – das soll alles sein? Das kann doch nicht alles sein. In allem ist etwas zu wenig. Gott ist mein Ein und Alles. Und nun lass ich den Besitz um Gottes willen. Ich bin so frei. Gott schenkt mir diese Freiheit.«

Wenn Gott hinter mir steht, dann habe ich Rücken und Nacken, Hände und Herz frei. Dann kann ich mich ganz den anderen zuwenden. Dann kann ich wirklich anders leben.

Bleibt in meiner Liebe

Das Wort des Evangeliums hat einen eigenartigen Klang: »Bleibt in meiner Liebe« (Joh 15,9). Ehrlich, ist das nicht etwas hausbacken, bieder? Das gängige Lebensgefühl heute weist in eine ganz andere Richtung. Veränderung ist gefragt, Mobilität. Das Auto-mobil ist der Inbegriff des modernen Lebens, wie ein Symbol der Zeit. Beweglichkeit ist Trumpf. Je beweglicher wir werden und je mehr wir unterwegs sind, desto stärker bricht die Frage auf: Wo gehöre ich denn eigentlich hin? Wo kann ich bleiben? Wenn ich das nicht weiß, liege ich am Ende auf der Straße und stehe im Regen. Viele sind unbehaust, nicht nur die Wohnsitzlosen.

Das ist doch kein Leben, wenn man nicht weiß, wo man bleiben kann. Da geht's nicht nur um die eigenen vier Wände, sondern vielmehr noch um den anderen, der zu mir steht und bei mir bleibt. Wer vorankommen will, braucht den Schutz dessen, der bei ihm bleibt, ihm den Rücken freihält.

Da holt uns das Wort ein: »Bleibt in meiner Liebe.« Es ist, sagt das Evangelium, wie beim Weinstock. Jeder kennt das: Weinstock und Rebe gehören zusammen wie Wurzel und Wachstum, Baum und Frucht. Das ist eine lebendige Einheit. Was soll ein Rebzweig, der sich vom Weinstock löst? Er verdorrt und wird zum Brennholz geworfen. Ohne Verbindung

Die Kunst, sich in Gott zu verlieben, hat eine unabdingbare Voraus-
setzung: Sie lebt von der Kunst, sich von Gott lieben zu lassen.

mit dem Stamm wird er saft- und kraftlos. Der Lebensstrom ist
an den Wurzelgrund gebunden, an den festen Standort.

›Haltet euch an mein Wort, an meine Liebe‹, sagt Jesus. Sie
werden euch innerlich wachsen lassen, standfest machen und
frei. Wenn ihr das preisgebt, wenn ihr da nicht mehr »dran«
seid, dann werdet ihr zu bloßen Schaustellern von Religion.
Was soll ein Christentum ohne Christus? Es ist ein einziger
Betrug. Es dient zu nichts und wird weggeworfen, ins Feuer.
Ohne Christus hängen wir mit all unserem Bemühen um Veränderung und Erneuerung der Kirche in der Luft. Von ihm
weggehen bedeutet nicht Fortschritt, sondern Abfall. Wachstum im Glauben, in der Hoffnung und in der Liebe kann es
nur geben, wenn wir in Christus bleiben. Wer da nicht »in«
ist, ist »out«.

8.   Licht der Welt

Das Licht der Welt erblickt

Wir alle haben das Licht der Welt erblickt. Hintergründig dieses Wort! Es weist auf unsere Geburt hin, es deutet an, woher wir kommen: aus der dunklen Bauchhöhle, aus dem Mutterschoß. Höhle, Grotte, Nacht – die Bilder sind uns gerade in der Advents- und Weihnachtszeit vertraut. Sie erzählen auch von unserer eigenen Geschichte. Der dunkle Schoß ist Urbild unserer Herkunft. Er sitzt uns in den Knochen, wenn wir das Licht der Welt erblicken.

»Es werde Licht«, sagt Gott am Anfang der Welt (Gen 1,3). Sein erstes Wort! Licht ist Leben. Gott ist ein Freund des Lebens. Darum möchte er, dass wir das Licht der Welt erblicken und die Wahrheit ans Licht kommen lassen, aufklären und erhellen, wärmen und heilen. Aber die Dunkelheit haben wir nicht ein für allemal hinter uns, wenn wir das Licht der Welt erblicken. Die hat Gott sich und uns nicht erspart.

Vor zweitausend Jahren hat Jesus das Licht der Welt erblickt. Er ist dorthin gekommen, wo wir sind, wo man Gerechte verhöhnt und aufs Kreuz legt. Er steckt in unserer Haut. Und da ist nicht alles Licht, oft genug sieht es ganz finster aus. Er hat das Licht der Welt erblickt – nicht von ungefähr; denn nun kommt der springende Punkt: Er hat das Licht der Welt erblickt, damit wir ihn als das Licht der Welt erblicken. Das Wort wendet sich – an uns. »Das wahre Licht, das jeden Menschen erleuchtet, kam in die Welt« (Joh 1,9), sagt das Evangelium. »In ihm (Christus) war das Leben, und das Leben war das Licht der Menschen« (1,4).

Christuslicht

Ohne Licht sieht man nichts, aber das Licht kann man nicht sehen. Nur wenn es sich bricht, nehmen wir es wahr; besonders anschaulich beim Regenbogen: Das Sonnenlicht bricht sich in den Regentropfen. Wenn wir bemaltes Glas in die Hand nehmen, sieht es dreckig aus. »Stained glass«, sagen die Engländer, schmutziges Glas. Wenn wir es gegen die Sonne halten, beginnt es zu strahlen. Bricht sich das Christuslicht in der Welt, in den Menschen, dann leuchtet es, dann kann man es auch heute wahrnehmen.

Viele fragen: Wo denn? Zweitausend Jahre Christentum, und die Welt ist nach wie vor belastet durch Korruption und Affären, zerrissen durch Hunger, Gewalttat und Krieg. Das Christentum selbst hat lange Schatten geworfen, bis heute. Viele sehen schwarz, wenn sie Kirche hören. Sie verlieren das Licht aus den Augen, die Lichtspur, die sich von Christus her durch die Jahrhunderte zieht. Das Christuslicht hat sich in Menschen gebrochen, vorab in den Heiligen. Es hat Geschichte gemacht – nicht nur Kirchengeschichte. An dieses Licht kann man sich halten, wie an Orientierungslichtern bei Nachtfahrten und Nachtwanderungen:

Jeder Mensch ist Mensch, nicht der eine mehr, der andere weniger, nicht der eine wertvoll, der andere unwert. Jeder Mensch ist Mensch. Er hat nicht nur einen Wert, sondern eine unantastbare Würde. Das kommt von Jesus her.

Die geschlagenen und gescheiterten Menschen, die Armen und Schwachen, die Opfer und Verlierer, die am Boden liegen – manche denken vielleicht: der letzte Dreck, kaputte Typen. Wenn man sie wie die Glasscherbe aufnimmt und gegen das Licht hält, beginnen sie zu leuchten – eine unzerstörbare Würde. Das kommt von Jesus her.

Was ist unser Leben angesichts des Todes? Kein Mensch kommt um diese Frage herum. Wer bringt Licht ins Dunkel des Todes? Das kommt von Jesus her.

Man kann dieser Lichtspur durch zwei Jahrtausende nachspüren. Und dann kann es geschehen: »Mensch, da geht mir ein Licht auf.« Eine kostbare Erfahrung, wie ein Geschenk des Himmels. Das verdanken wir nicht uns selbst. Es geht mir auf. Das Licht ist in mir, es leuchtet mir ein. Es gehört so zu mir, dieses Christuslicht, sein Wort, sein Leben, sein Geist, dass ich mir das Leben ohne ihn nicht mehr vorstellen kann.

Licht für die Völker

Im Prophetenwort vom Gottesknecht (Jes 42) heißt es: »Das geknickte Rohr zerbricht er nicht, und den glimmenden Docht löscht er nicht aus.« Was damit gemeint ist, wird klar, wenn man die negative Formulierung des Satzes zur positiven Seite hin ergänzt. Dann füllt der Gottesknecht die erlöschende Lampe wieder auf, damit sie leuchtet. Und das beschädigte Rohr richtet er wieder auf. Das ist denen gesagt, die im Exil sind und denken: Uns ist doch nicht mehr zu helfen, wir gehen vollends zugrunde.

Ganz unten fängt er an. Er erbarmt sich über die Geknickten, über die, die einen Knacks bekommen haben. Er steht denen bei, die auf der Schattenseite des Lebens verkümmern, bei denen es finster aussieht. Er sagt nicht: Stoße, was fallen

Wo das Recht des Stärkeren regiert, da werden die Menschenrechte mit Füßen getreten. Der Mensch, ja Gott selbst kommt dort zu seinem Recht, wo Schwache leben können.

will!, sondern: Richte das geknickte Rohr wieder auf! Gott tut es auch. Er sieht uns immer noch mit anderen Augen, mit einem Herzen, das zurechtbringt, zusammenführt, wieder aufrichtet.

Vielleicht denken manche: Mein Leben ist nur noch wie ein Ton, der langsam verklingt. Es liegt kein Glanz mehr drüber. Nichts strahlt, es springt kein Funke über. Er wird den glimmenden Docht nicht auslöschen. Wir sind im Auslöschen groß: einen Menschen auslöschen, das Bild von ihm in unserer Erinnerung auslöschen. Gott denkt und handelt anders, durch seinen Knecht. Der ist »das Licht für die Völker«, er wird »blinde Augen öffnen« (6 f). Er ist ein »Lichtblick«. Mit ihm geht uns ein Licht auf. Er holt die ans Licht, die im Dunkeln sitzen (7). Er holt die Gefangenen aus ihrem Kerker, damit sie in Freiheit leben können.

Wer ist der Gottesknecht? Darüber ist viel nachgedacht und geschrieben worden. Mal sieht man im Gottesknecht eine Einzelgestalt (den Propheten), mal die Verkörperung des ganzen Volkes Israel. Für und gegen jede dieser Deutungen gibt es gute Argumente. Doch wird man sehr wohl danach fragen müssen, welches Licht von Jesaja 42 her auf den Menschensohn Jesus Christus fällt. Er ist der Knecht Gottes. Er ist der »heruntergekommene« Gott. Transzendenz nach unten.

Verklärung

Das Evangelium von der Verklärung Jesu (Lk 9,28–36) lässt sich wie eine Christus-Ikone anschauen. Jesus ist auf dem Berg. Er steht drüber, »auf der Höhe«. Er ist betend da oben. So steht er zu Gott. Und da lässt Gott sein Angesicht über ihm leuchten, Inbegriff seiner Nähe. So steht Gott zu Jesus. In der Tat: kein Allerweltsgott, kein Allerweltsgeschehen, kein Allerweltsmensch. Vielmehr: dieser besondere Mensch auf diesem besonderen Weg, ganz auf der Höhe.

Jesus, das ist bezeichnend, ist nicht allein. Er ist mit drei Jüngern gekommen. Sein Weg soll ihr Weg werden. Zu ihnen treten Mose und Elija. Ihr Name steht für das jüdische Bundesgesetz und alle Propheten. Jesus beginnt nicht bei Null. Er steht in der Gottesgeschichte Israels. Sein Gott ist auch der Gott des Mose und des Elija, sehr konkret gegenwärtig in der Geschichte seines Volkes. Er ist der Gott, der von der Herrschaft der Pharaonen und Götzen befreit, der gesprochen hat und spricht durch die Propheten. Er ist der Gott, der sich im Bund an dieses Volk gebunden hat. Er ist es, der nun Jesus zu seinem erwählten Sohn proklamiert. »Auf ihn sollt ihr hören« (35). Das bekommen die Jünger gesagt, das bekommen Mose und Elija gesagt. Das gilt uns.

Mose und Elija sind Symbolgestalten der Leidensgeschichte Israels, der Leidensgeschichte der Propheten und Gerechten (von Abel an). Sie stehen ein für die Glaubenserfahrungen vieler Jahrhunderte bis heute: Der Weg Gottes mit den Menschen ist ein Weg der Konflikte, der Leiden, des Exils. So umstritten ist seine Gegenwart, so erniedrigt ist sein Volk, so gefährdet sind seine Zeugen. So ist es kein Zufall, dass Jesus von Mose und Elija erfährt, was ihm selbst bevorsteht. Sie sprechen von seinem Heimgang, seinem Exodus. Wer dächte da nicht an die Befreiung aus dem Sklavenhaus Ägypten, aus der Herrschaft der Pharaonen? Wer erinnerte sich nicht an den langen Marsch durch die Wüste ins Gelobte Land, Symbol aller Gotteswege, Symbol aller Glaubenswege bis heute!

Für einen Moment leuchtet das Ziel auf. Jesus im Lichtglanz Gottes und bei ihm Mose und Elija. Aber oben auf dem Berg sprechen sie davon, dass es bergab gehen wird, bis zum Kreuz (vgl. Lk 9,31). Mitten im Ereignis der Verklärung erscheint ein anderer Berg am Horizont: Golgota. Tabor und Golgota liegen dicht beieinander. Die Verklärung ist nicht eine vorübergehende Hochstimmung. Sie steht mitten im Leben Jesu, geerdet im Kreuz, verwurzelt in der Haltung dessen, der aus sich herausgehen wird bis zum Äußersten, für uns und für alle. Erst am Ende, in der Voll-Endung, wird endgültig Verklärung sein – für ihn, für uns und für alle.

Der Gott, dessen Licht im Angesicht Jesu aufleuchtet (2 Kor 4,6), geht mit in der Geschichte seines Volkes, in der Geschichte seines Sohnes, mitten durch Wüsten, bis in die letzten Niederungen des Exils, des Verrats und des Todes. Exodus, Exitus – im Durchgang und Mitgehen erst schafft er österliche Verklärung, Gelobtes Land rundum.

Die anwesenden Jünger verstehen von alldem nichts. Typisch dafür ist die Reaktion des Petrus. Wie verständlich, dass er diesen glanzvollen Zustand festhalten möchte: »Hier ist gut sein« (33). In der Tat. Nichts schöner als das. Gelobtes Land hier und jetzt und in Ewigkeit. Petrus will Ostern ohne das Kreuz, das Gelobte Land ohne den Marsch durch die Wüste. Wie verständlich ist diese Sehnsucht, drüber zu stehen. Wie viel Widerstand auf dem Weg bergab, in die harte konfliktreiche Realität unten. Petrus will es nicht. Wer wollte es?

Und trotzdem: »Auf ihn sollt ihr hören« (35). Auf ihn allein, auf niemanden sonst. Sein Weg ist der einzig wahre. Nur er führt endgültig zur Verklärung. Das muss den Jüngern, das muss uns eigens von Gott gesagt werden. Das käme uns von uns aus nicht in den Kopf. Unsere Wünsche gehen in andere

Gott ist nicht nur glanzvoll da, sondern auch im Dunkel. Nur durch die Wüste hindurch erreichen wir das Land der verlorenen und doch nie vergessenen Seligkeit.

Richtung, hoch hinauf! Nein, nur auf diesen Jesus sollt ihr hören, seinen Exodus mitgehen. Wahrlich kein Allerweltsweg! Vielmehr: Glaube an sein Wort wider alles eigene Wunschdenken, Mut in die Nachfolge jenseits aller Höhenflüge, Hoffnung wider alle Hoffnung.

Um allen zu leuchten

Womit sind wir ausgefüllt? Mit Terminen, Plänen, Problemen ... Wir sind mit allen möglichen Dingen besetzt, bei Licht betrachtet ist es oft genug leeres Stroh. Das bekommen wir mengenweise frei Haus geliefert, von morgens bis abends, auf zig Kanälen. Oft genug werden wir auf diese Weise hinters Licht geführt; aber es geht uns kein Licht auf. Wir sind ausgefüllt, aber nicht erfüllt. Das ist etwas anderes.

Sie kennen das: Man sitzt da und kommt nicht weiter. Auf einmal geschieht's: »Da geht mir ein Licht auf!« Das ist eine kostbare Erfahrung, wie eine Erleuchtung. Das kann man nicht machen. Das ist keine Sache der Technik: Da drückt man auf den Knopf, und das Licht geht an. So nicht! Das haben wir nicht in der Hand. Es leuchtet uns ein, wie von einer anderen Energiequelle her. Das ist wie ein Geschenk des Himmels, Gnade.

»Es werde Licht« – das ist das erste Wort Gottes am Anfang der Welt (Gen 1,3). Es ist auf Jesus Christus hin gesagt (vgl. Joh 1,9 f). Mit ihm ist der Welt das Licht aufgegangen, er ist das Licht in Person: »Ich bin das Licht der Welt«, sagt er (Joh 8,12).

Lumen Christi – Christus, das Licht! Das ist kein x-beliebiges Licht aus dem Angebot moderner Selbst-Beleuchtungsanlagen. Es leuchtet nicht still vor sich hin, um eine gemütliche Atmosphäre zu erzeugen, ganz privat. Es will die Welt erhellen, erleuchten, erwärmen. Es will in der Welt Orientierung ermöglichen. »Ich bin das Licht der Welt«, sagt Jesus. Er ist gekommen, »um allen zu leuchten, die in Finsternis sitzen und im Schatten des Todes« (Lk 1,79). Er bringt Licht in die Dunkelheit des Todes. Er hebt die Nacht nicht auf, aber er scheut sie nicht, er erleuchtet sie. In seinem Licht können wir auch zu unseren Schatten stehen, zu den Schatten unserer Geschichte und unseres eigenen Lebens.

Ausstrahlung

Strahlen haben es in sich. Es gibt Strahlen, die tödlich sind. Man sieht sie nicht, sie liegen in der Luft. Sie treffen Pflanzen und Tiere und gehen durch Mark und Bein. Strahlen – das Wort kann uns Schrecken einjagen, es kann aber auch Begeisterung wecken. Jeder von uns kennt Menschen, die Ausstrahlungskraft besitzen. Christus hat etwas ausgestrahlt. Auf seinem Gesicht strahlt »göttlicher Glanz« wider (2 Kor 4,6). Er hat Gott ausgestrahlt, er hat ihn ungebrochen reflektiert.

Christus ist kein »Strahlemann«; er ist nicht vom Typ »immer nur lächeln …« Er hat sich dem Leiden gestellt. Er strahlt durch die Wunden, die er erlitten hat. Sein Leben hat gerade durch den Tod hindurch in der Auferstehung Ausstrahlungskraft gewonnen. Es ist sein Heiliger Geist, den er ausstrahlt und mit dem er uns in dieser Welt zum Leuchten bringen will. »Wir alle spiegeln mit enthülltem Angesicht die Herrlichkeit des Herrn wider und werden so in sein eigenes Bild verwandelt, von Herrlichkeit zu Herrlichkeit, durch den Geist des Herrn« (2 Kor 3,18).

Es gibt Strahlen, die tödlich sind, und Strahlen, die Leben wecken. Welchen Strahlen setzen wir uns aus? Die tödlichen Strahlen überfallen uns von hinten – entfesselte Materie, die

Christus ist gekommen, um Feuer auf die Erde zu werfen. Wo Christen kein Feuer mehr in sich spüren, wird alles müde und grau, langweilig und einfallslos. Die Spannung ist weg.

dem Menschen aus der Hand gleitet und sich gegen ihn selbst wendet, gesichtslos, anonym. Die belebenden Pfingststrahlen gehen von einem Gesicht aus, von einer Person: »Denn Gott, der sprach: Aus Finsternis soll Licht ausstrahlen, er ist in unseren Herzen aufgestrahlt, damit wir erleuchtet werden zur Erkenntnis des göttlichen Glanzes auf dem Angesicht Christi« (2 Kor 4,6). Strahlen, die aus der Quelle der Energie kommen, aus Gott selbst. Sie schenken Leben.

9. Brot des Lebens

Gesättigt mit ewigem Hunger

»Ein Hungerkünstler« – so heißt die Erzählung Franz Kafkas, die er als letzte zu seinen Lebzeiten veröffentlicht hat, mit deutlich autobiographischem Hintergrund. Der Hungerkünstler ist eine seltsame Gestalt. Er hat große Auftritte gehabt, große Zeiten erlebt. Die sind jetzt vorbei. Hunger ist uninteressant geworden, der Wohlstand ist ausgebrochen, die Massen rennen achtlos am Hungerkünstler vorbei zu den großen Tieren im Zirkus, denen die Freiheit »irgendwo im Gebiss« steckt. Der Mann mit seiner Kunst, den Hunger wachzuhalten, wird vergessen. Nach langer Zeit entdeckt man ihn zufällig beim Aufräumen. Er hungert immer noch – und die Leute denken, er wolle sich interessant machen. Erst im Zwiegespräch kommt heraus, was hinter seiner eigentümlichen Kunst des Verzichts steckt: Nichts von Geltungssucht, nichts von Wichtigtuerei. Er hat gar keine andere Wahl. »Weil ich hungern muss, ich kann nicht anders«, sagte der Hungerkünstler. »Warum kannst du denn nicht anders?« – »Weil ich nicht die Speise finden konnte, die mir schmeckt.« Und Kafka fügt hinzu: »Das waren die letzten Worte, aber noch in seinen gebrochenen Augen war die feste, wenn auch nicht mehr stolze Überzeugung, dass er weiter hungere.«

Dieser Hungerkünstler ist konsequent. Er lässt sich nicht mit Surrogaten abspeisen und gibt sich nicht mit Fastfood zufrieden. Die Speise, die er sucht, ist von besonderer Art –

Ein Stück Brot in meiner Hand. Ein ganzes Netz von Beziehungen steckt darin: verborgene Tränen, die aus Ungerechtigkeit und Ausbeutung kommen, aber auch die Verheißung eines geschwisterlichen Miteinanders.

nicht unbedingt das, was alle mögen. Sein Geschmack ist ausgeprägt, nicht käuflich. Mit Geschmack ist hier (wie im lateinischen sapere – sapientia) das Gespür für die Wahrheit des Seins gemeint, für den Sinn des Lebens und seine Erfüllung. Das, was auf dem Markt der Waren und Meinungen zu haben ist, befriedigt ihn nicht. Dieser Hungerkünstler ist anspruchsvoll, mit einer erstaunlichen Widerstandskraft gegenüber noch so verführerischen Angeboten. Er hat ein Gespür, das ihn lieber mit großen Hoffnungen hungern und dürsten lässt, als dass er sich mit Banalitäten volllaufen und unter Konsumgütern begraben ließe. Unbeirrbar treu seinem Geschmack, bleibt er auf der Suche nach dem, was wirklich sättigt.

Was stillt unseren Hunger? Nicht nur die Geschmäcker sind verschieden, auch die Vorstellung von dem, was wirklich erfüllend ist. »Selig, die hungern und dürsten nach der Gerechtigkeit« (Mt 5,6) – ein zentrales Wort des Hungerkünstlers aus Nazaret. Auf das Reich Gottes war er aus, auf Gottes Weltherrschaft, und er machte Gebrauch davon schon hier und jetzt. Schaut man in die Bibel, diese »Hausapotheke der Menschheit« (Heinrich Heine), dann stößt man nicht zufällig immer wieder auf die Metaphorik von Hungern und Dürsten, von Essen und Trinken, von Sehnsucht und Erfüllung. »Seht, es kommen Tage – Spruch Gottes, des Herrn –, da schicke ich den Hunger ins Land, nicht den Hunger nach Brot, nicht Durst nach Wasser, sondern nach einem Wort des Herrn« (Amos 8,11). Christlicher (und jüdischer) Glaube ist heiß auf das, was kommt. Er gibt sich nicht zufrieden mit dem, was ist. Er ist auf den richtigen Geschmack gekommen für das, was wahr ist und bewährt, auch wenn es noch nicht voll da ist. Für die Wüstenzeit unterwegs gibt es das täglich Brot für den Tag, nicht mehr und nicht weniger. Christen und Christinnen sind voll messianischer Unruhe, hungrig und durstig: »Gesättigt mit dem ewigen Hunger« (Mechthild von Magdeburg).

Der ewige Hunger ist durch nichts und niemanden zu sättigen als durch den Messias selbst. »Ich bin das Brot des Lebens« (Joh 6,35), sagt Jesus. Er gibt nicht etwas, er gibt sich selbst für das Leben der Welt. So wird er zur Speise, von der wir leben.

Das gebrochene Brot

Das gibt zu denken, es ist uns ins Gedächtnis geschrieben: Die letzte Zusammenkunft Jesu mit den Jüngern vor seinem Tod ist ein Mahl. Ein gemeinsames Essen schafft Gemeinschaft. So auch das Abendmahl. Es schafft Verbindung und Verbindlichkeit, es stiftet den Neuen Bund. Die Erinnerung daran wird bewahrt, Worte und Handlungen, Gesten werden festgehalten, prägen sich dem Gedächtnis ein: »Tut dies zu meinem Gedächtnis!« Die Jünger tragen dafür Verantwortung. Sie werden in diese Tradition eingeweiht, sie sollen sie weitertragen.

Um diese verbindliche Tradition geht es Paulus (vgl. 1 Kor 11,23–29). Nur an wenigen Stellen erzählt er. In aller Regel legt er den Glauben dar, er argumentiert, setzt sich mit anderen auseinander. An dieser zentralen Stelle tritt er für einen Augenblick aus der Reflexion heraus und erzählt in knappen Sätzen das Abendmahlsgeschehen.

»Er brach das Brot« (24). Das Brotbrechen – so wird das Abendmahl von Anfang an bezeichnet. Die Jünger erkennen den Auferstandenen »beim Brotbrechen« (Lk 24,35). Klingt das nicht fast gewaltsam? Das Brot wird gebrochen, geteilt. Wie das Weizenkorn in die Erde fällt und zerbricht, damit neues Korn wächst, wie die Körner gemahlen werden, damit Brot wird, so wird das Brot gebrochen. Wollen wir es essen, müssen wir es teilen. Das ist wie ein Zeichen: Das »Brot des Lebens« wird gebrochen, damit es uns zuteil wird: »Das ist mein Leib für euch«, sagt Jesus, so bin ich für euch. Das Brot des Lebens kommt uns zugute, indem es gebrochen wird. Jesus geht seinen Weg zu Ende und zerbricht.

Und der Kelch: »Dieser Kelch ist der Neue Bund in meinem Blut« (25). Auch der Wein ist ein Zeichen: Die Traube wird gekeltert (zerbrochen), damit Wein wird. Die Seite des Gekreuzigten wird geöffnet, es fließt Blut. »Der Neue Bund in meinem Blut …« Christus bindet sich an uns, und diese Bindung zerbricht nicht im Tod, sie hält den Tod aus, sie wird durch die Hingabe des Lebens besiegelt. Bis zum Letzten, bis aufs Blut hält er diesen Neuen Bund mit uns durch. Wir können aus der Welt heraussterben, aber nicht aus der Gemeinschaft mit ihm.

Unser Leben birgt Zerbrochenes, Dunkelheiten. Jesus lässt sich darauf ein, indem er unsere Zerbrechlichkeit zu seiner eigenen macht. Ohne schützenden Abstand geht er mit in das Dunkel der Nacht, das uns umgibt. Wem könnten wir mehr vertrauen als dem, der neben uns aushält? Er erweist seine Treue darin, dass nichts in der Welt ihn von unserer Seite vertreiben kann! Eucharistie ist nicht ein Mahl der Seligen, sondern der Angefochtenen.

Für euch und für alle

Warum hat Jesus sich mit Zöllnern und Sündern, mit Armen und Verlassenen an einen Tisch gesetzt? Viel leichter wäre doch gewesen, was alle anderen taten und tun: das Tischtuch zu zerschneiden und getrennt zu sitzen – die Armen in ihren

Hütten, die Reichen im Schlemmerlokal, die Bürgerlichen beim Stammtisch, alle jeweils unter sich. Nein: Jesus durchkreuzt solche Abgrenzungen, er bildet eine neue Gemeinschaft. Er ist überzeugt, dass Gottes Reich angebrochen ist, die Weltherrschaft seiner zuvorkommenden Güte. Da ist jeder wichtig und deshalb sind die Ärmsten und Isoliertesten für ihn die ersten Adressaten.

Worum es ihm geht, das fasst er wie in einem Vermächtnis zusammen im Letzten Abendmahl: Noch in der Nacht des Verrates und angesichts des Todes – jeder andere wäre eher verzweifelt oder hätte gekniffen – bricht er das Brot, teilt er sich aus und mit. Alle sollen ein für allemal erkennen, wer er ist und wer Gott ist. Ausdrücklich heißt es ja im Kelchwort: »Für euch und für alle.« Das alles Entscheidende daran ist die Kraft seines Lebens für andere; dadurch stiftet er Versöhnung, schenkt er Vergebung, ermöglicht er Wandlung. Deshalb Eucharistie, deshalb das Fest der Danksagung.

Mutter Teresa sagte: Keiner darf so aus der Kirche herausgehen, wie er hineingegangen ist. Es ändert sich ja etwas. »Wandlung« sagen wir. Durch Gottes Heiligen Geist werden Brot und Wein zu Leib und Blut Christi. Er ist ganz da in unserer Mitte, er wird uns in die Hand gegeben. Wie geht er in uns ein? Wird er empfangen oder nur geschluckt? Wie wird er »verdaut«? Wenn wir ihn in Brot und Wein wirklich zu uns nehmen mit allem, was er ist und was ihn ausmacht, dann müsste sich das auswirken. Jedenfalls haben wir es mit in der Hand, ob wir uns durch ihn und in seinem Sinne wandeln lassen und durch uns die Welt gewandelt wird, ein Stück wenigstens.

Die Person Jesu ist nicht in gleicher Weise verfügbar, wie Brot und Wein verfügbar sind. Wer ihn nur einfach schlucken will, verschluckt sich.

Gegner können miteinander reden, geballte Fäuste können sich öffnen zum Friedensgruß. An einer alten Kirche steht zu lesen: »Hier tritt man ein, um Gott zu lieben. Von hier geht man fort, um die Menschen zu lieben.«

Leib Christi

»Das ist mein Leib für euch.« Das Wort der Wandlung! Indem Christus so mit Leib und Blut real präsent ist, ganz da für uns, geschieht etwas mit uns. Die Wandlung geht nicht über uns hinweg oder an uns vorbei, sie erfasst uns selbst. Wir werden Leib Christi.

Die Kirche ist der Leib Christi, sagen wir. Was heißt das? Es kommt nicht von ungefähr. Der Grund liegt im Abendmahl: »Das ist mein Leib für euch.« Bedenkt, was dieser Leib in sich hat, er schließt euch zum Leib Christi zusammen. »Empfangt, was ihr seid: Leib Christi, damit ihr werdet, was ihr empfangt: Leib Christi« (Augustinus).

Von hierher wird deutlich, wer zum heiligen Mahl einlädt. Nicht wir laden ein; die Tischgemeinschaft erwächst nicht aus unserer gegenseitigen Sympathie, nicht einmal aus unserer »Würdigkeit«. Christus lädt ein; es geht an den »Tisch des Herrn«, zum »Mahl des Lammes«. Er und er allein steht in der Mitte, er und er allein will gehört und empfangen werden. Der Priester handelt in seinem Auftrag, »in persona Christi«.

Worauf alles ankommt, ist dies: Der Herr schenkt sich selbst in seinem Mahl. Alles andere, auch das Miteinander, bekommt von daher seine Begründung. Erst die Gemeinschaft mit dem Leib Jesu Christi bewirkt die Gemeinschaft im Christusleib der Kirche. Darum gibt es auch eine Unwürdigkeit gegenüber dem Leib Jesu Christi selbst. Das darf gerade heute bei dem häufigen Kommunionempfang nicht in Vergessenheit geraten. Der

Altartisch, der Tisch des Herrn, darf nicht mit einem x-beliebigen Tisch verwechselt werden. Unterscheidung tut not. Wer nicht an die Gegenwart des Herrn glaubt, darf nicht zu seinem Tisch treten.

10. Leid und Kreuz

Unbegreiflich

Gott will nicht ohne uns oder jenseits unserer Geschichte Gott sein. Er steht ganz auf unserer Seite und leidet mit uns. Er ist dorthin gekommen, wo wir sind, wo Blinde und Lahme sind, Besessene und Aussätzige, wo Sünder und Sünderinnen sind und verlorene Söhne, wo man hungert und friert, ausgestoßen ist und verlassen, wo man Gerechte verurteilt und kreuzigt. Er hat den Beweis seiner Göttlichkeit nicht dadurch erbracht, dass er mit majestätischem Wink von oben herab alles regelt, sondern so, dass er auch dem Ärmsten noch Bruder wurde und in seinen Ängsten und Ausweglosigkeiten neben ihm steht.

Warum …? Das ist nicht nur unsere Frage, das ist auch seine Frage: ›Warum, o Gott, warum hast du mich verlassen?‹ Jesus hat diese Frage nicht beantwortet, er hat sie neu gestellt. Er hat sie nicht durchschaut, sondern durchlitten. Gott ist aus dem Leid der Welt nicht herauszuhalten. Er selbst ist unmittelbar davon betroffen. Er lässt sich in Mit-Leidenschaft ziehen, er leidet mit. Das Leid ist kein Zeichen der Abwesenheit Gottes. Er selbst ist uns im Leiden nahegekommen.

Mit-Leidenschaft Gottes. Gott leidet mit. Damit stehen wir letztlich vor dem Geheimnis Gottes. Die Unbegreiflichkeit des Leids weist uns hin auf die Unbegreiflichkeit Gottes. »Gott in seinem unerforschlichen Ratschluss …« Es gibt kein Licht, das die finsteren Abgründe des Leids erhellt, als Gott selbst.

Und ihn findet man nur, wenn man ja sagt zu seiner Unbegreiflichkeit, ohne die er ja nicht Gott wäre. Vielleicht kann die Ungeheuerlichkeit des Leidens uns helfen, unser allzu naives Bild vom »lieben Gott« zu ändern und uns dazu führen, dass wir Gott Gott sein lassen, ihn in seiner Unbegreiflichkeit anerkennen.

Glauben ist kein Frage-Antwort-Spiel. Gott erfüllt nicht etwa nur all unsere Fragen. Er geht weit über unseren Horizont: »Wie unergründlich sind seine Entscheidungen, wie unerforschlich seine Wege! Denn wer hat die Gedanken des Herrn erkannt? Oder wer ist sein Ratgeber gewesen?« (Röm 11,33 f). Darum gibt es im Glauben Fragen, mit denen wir nie an ein Ende kommen, mit denen wir leben müssen.

Der verwundete Arzt

»Zeige deine Wunden« – das ist ein zentrales Wort unseres Glaubens. Das Alte Testament spricht immer wieder davon, dass Gott die Wunden seines Volkes kennt und daran leidet. Israel kann seine ganze Not und seinen ganzen Schmerz vor ihn tragen. Ijob tut das so offen und eindringlich wie kaum ein anderer. Er wird der Wunden wegen von seiner Familie und seinen Freunden gemieden.

Die Leidverdrängung hat eine lange Tradition. Die Propheten protestieren in Israel dagegen, Leid und Elend zuzudecken. Im vierten Lied vom Gottesknecht stellt der Prophet Jesaja seinen Zeitgenossen den leidenden Menschen vor Augen: »Wie einer, vor dem man das Gesicht verhüllt, war er verachtet; wir schätzten ihn nicht. Aber er hat unsere Krankheit getragen und unsere Schmerzen auf sich geladen. Wir meinten, er sei von Gott geschlagen, von ihm getroffen und gebeugt. Doch ... der Herr fand Gefallen an seinem

Der letzte Platz ist der Platz seines Lebens. Jesus lässt das Unterste und Niedrigste nicht unerledigt. Er trägt den unerledigten Wust unseres Lebens, den ganzen Bodensatz.

zerschlagenen Knecht, er rettete den, der sein Leben als Sühneopfer hingab« (Jes 53,3 f. 10).

Dieses Wort kann uns wie den Aposteln helfen, die Tragweite des Lebens und Sterbens und der Auferstehung Jesu zu verstehen. Jesus ist den Verwundeten nachgegangen, er hatte ihnen gegenüber keine Berührungsangst. Er hat sich ihrer Wunden angenommen, sie am eigenen Leib mitgetragen, bis zum bitteren Ende. Er hat die wunden Stellen der Menschheit durchlitten. Er heilt, indem er sich selbst verwunden lässt. Er ist der »verwundete Arzt«, wie ihn die frühe Christenheit nennt.

Die Wunden sind ihm eingeprägt. Sie gehören zu ihm, auch nach der Auferstehung. Er verbirgt und verleugnet sie nicht. Er fordert geradezu auf, sie zu sehen und zu berühren: »Thomas, streck deine Finger aus – hier sind meine Hände! Streck deine Hand aus, und leg sie in meine Seite, und sei nicht ungläubig, sondern gläubig!« (Joh 20,27). Der Weg zum Glauben führt über die Wunden. Sie sind nicht Zeichen der Abwesenheit Gottes, sie werden zum Ort der Gottesbegegnung. Hier können wir, wenn wir nicht fliehen, Gott erlernen. Wunden annehmen können ist in Wahrheit Gnade.

Es ist und bleibt für uns befremdlich: Gerettet und erlöst werden wir nicht durch die Macht der Mächtigen, sondern durch die Teilnahme Gottes an unserer Ohnmacht und an unserem Leid. Damit wird die Ohnmacht nicht verherrlicht, das Leiden hat nicht aus sich heraus erlösende Kraft. Die Liebe, die mit dem Geliebten eins wird, ist die Erlösung.

Alle Evangelien stimmen in diesem Punkt überein: Jesus, der Sohn, entscheidet sich frei für den Tod am Kreuz. Aber er tut das in dem Bewusstsein, darin dem Willen Gottes, des Vaters, gehorsam zu sein. Eben diese einhellige Überzeugung der neutestamentlichen Autoren und einer breiten christlichen Tradition stößt heute viele Menschen ab und empört sie. Sie sehen darin ein perverses Wechselspiel zwischen einem sadistischen »Vater« und einem masochistischen »Sohn«. Beide hätten, wenngleich auf unterschiedliche Weise, am Leiden ihre Lust. Und das soll als Heilsgeschehen verstanden und gewürdigt werden? Eine schlimmere Verirrung und Zumutung lässt sich kaum denken.

Verrät sich hier nicht eine verschwiegene, abgründige Leidenschaft für die Gewalt? Und erklärt diese nicht auch schlüssig die Blutspur, die das Christentum in der Geschichte hinterlassen hat? Jüngst wurde behauptet, der christliche Glaube könne ohne Blut nicht existieren, und darum wäre sein Verschwinden der beste Dienst an der Menschheit. Handelt es sich also bei in christlichem Namen ausgeübter Gewalt um kein Missverständnis und keinen Missbrauch des Glaubens, sondern um seine unausweichliche Konsequenz? Ist der Glaube selbst die Krankheit, die er zu heilen vorgibt?! Fragen über Fragen, die auf eine Schlüsselfrage hinauslaufen: Was bedeutet das Kreuz Jesu Christi?

Christen verehren das Kreuz als Zeichen der Erlösung des Menschen durch Gott. Es wäre unsinnig, zugleich anzunehmen, der Kreuzestod Jesu stünde im Widerspruch zum Willen Gottes. Gott und Jesus bejahen das Kreuz, weil es unter den

Das Zeichen des Glaubens ist nicht der strahlende Held mit dem Lorbeerkranz, sondern der gekreuzigte Gottessohn mit der Dornenkrone.

gegebenen Bedingungen etwas Wichtiges sichtbar macht. Jesus ist schuldlos und wehrlos. Nichts rechtfertigt seinen gewaltsamen Tod. Genau deshalb führt das Kreuz nicht nur die Folge einer Gewalttat vor Augen, sondern mehr noch ihre Grundlosigkeit und damit die Abgründigkeit menschlicher Gewaltbereitschaft. »Christentum ist wesentlich Gewaltanschauung« (G. Fuchs). Nicht aus voyeuristischer Lust, Gewalt zu sehen oder das Leiden, das sie anrichtet, sondern weil Gott durch das Kreuz sehen lässt, was im Menschen steckt.

Was machen wir mit der Angst?

»Euer Herz sei ohne Angst ...« Christi Wort in Ehren, aber wir haben Angst. Viele haben eine panische Angst, zu kurz zu kommen, etwas zu verpassen. Tausend Ängste, die uns bedrängen ... Angst, dass mein Leben keinen Sinn hat, dass ich leer ausgehe. Angst, dass ich versagen kann (»Versager«) und dem nicht gerecht werde, was man von mir fordert. Angst, den anonymen Mächten (Entwicklungen, Trends, Institutionen, Verwaltungen) hoffnungslos ausgesetzt zu sein. Angst um die Zukunft der Kinder. Angst, für kommende Generationen Verantwortung zu übernehmen, für das Leben der Kinder. Angst vor dem Altwerden, Angst, abtreten zu müssen. Angst, dass mein Leben ein Ende hat und dass ich sterben muss.

Was machen wir mit der Angst? So tun, als wäre sie nicht da? Sie nicht ernst nehmen, verharmlosen, verdrängen? Jammern? Klagen? Standhalten? Fassung wahren? Aber wie? Die beste Garantie gegen die Angst scheint immer noch der Besitz zu sein. Deshalb setzen wir alle Mittel in Bewegung, um immer mehr zu haben. Wir bauen mit allen möglichen Mitteln Dämme gegen die Angst. »Geld beruhigt«, sagen wir. Hat der Wohlstand die Angst gelöst?

Was machen wir mit der Angst? Angst heißt: Es wird enger um uns herum, man wird in die Enge getrieben! Wie bekommen wir Luft? Wie bekommen wir weiten Raum, um leben zu können? Manchmal lese ich auf frommen Plakaten: »Wer glaubt, hat keine Angst!« Das mag schon sein. Sicher hat der Glaube mit der Angst zu tun, und sicher hat die steigende Angst mit dem schwindenden Glauben zu tun. Aber: Der Glaube verharmlost die Angst nicht, er weiß: Mensch sein bedeutet Angst haben. Ich kann die Angst nicht verleugnen. Vielleicht ist mein Glaube zu schwach. Mich tröstet, dass Jesus Angst gehabt hat. So sagt es das Evangelium: »Und er betete in seiner Angst noch inständiger, und sein Schweiß war wie Blut, das auf die Erde tropfte …« (Lk 22,44). In seiner Angst findet er einen Engel, der ihn stärkt. Weiß Gott, das ist ein Engel, ein Geschenk des Himmels, wenn man in der Angst jemand findet, an den man sich halten kann, der trägt.

Wenn ich schwach bin, bin ich stark

Ist das stark, was wir in der Leidensgeschichte des Evangeliums hören? Ein Gottessohn, der qualvoll am Kreuz stirbt – das ist doch schwach. »Gott, mein Gott …« Das ist doch weit unter deinem Niveau! Oder? Was ist stark – und was ist schwach?

Jesus ist nicht der stahlgehärtete Siegertyp, der unberührt an den Leidensgeschichten der Menschen vorbeigeht oder über sie weg. Er geht die dunklen Wege der Ohnmacht und Niederlagen mit bis zum toten Punkt. Er verzichtet im Ölgarten auf das Schwert. Er geht freiwillig in ein Gerichtsverfahren,

Das Kreuz offenbart nicht nur den Abgrund menschlicher Gewalttätigkeit, sondern auch den Abgrund göttlicher Gewaltlosigkeit.

das ihm keine Chance lässt. Er lässt sich lieber niederschlagen und aufs Kreuz legen, als dass er andere niederschlägt.

Die Leute sagen: Wenn du der Sohn Gottes bist, dann gib uns doch ein Zeichen deiner Stärke; wenn du der Sohn Gottes bist, dann steig herab vom Kreuz; wenn du der Sohn Gottes bist, dann verwandle die Steine in Brot, dann stürz dich vom Felsen, denn es passiert dir doch nichts. Welch ein Irrtum! Diesem Sohn Gottes passiert fast alles, was einem Menschen zustoßen kann.

Ist das Schwäche? Von außen betrachtet mag das so scheinen, in Wahrheit liegt da Gottes Stärke und verwandelnde Kraft. Sie bewegt etwas, sie verändert die Verhältnisse von Grund auf. Die Stärke, die sich die Starken gegenseitig zusprechen, einander weitergeben oder entreißen, erhält den Status quo: hier Mächtige, dort Ohnmächtige. Jesus dagegen lässt uns Gott gerade in der Ohnmacht entdecken, am toten Punkt: »Wenn ich schwach bin, bin ich stark!« Seine verwandelnde Macht umfängt nicht nur die Starken, sondern auch und gerade die Schwachen. Gott ist nicht allmächtig, weil er vordergründig alles kann, was er will, sondern weil er auch noch die Macht der Vergeltung durch die Macht der Liebe verwandeln kann. Solche verwandelnde Liebe ist die größere Macht, weil sie neue Energien freisetzt, neue Wege aufstößt, eine neue Schöpfung entstehen lässt. Martin Luther King hat das schon richtig verstanden: »Macht mit mir, was ihr wollt, ich werde euch dennoch lieben.« Ist das schwach? Das ist stark!

Hinabgestiegen zu den Toten

»Hinabgestiegen in das Reich des Todes …« Bis dahin ist Jesus heruntergekommen, bis zu den Toten. Er hat ihr Los geteilt. Wie er einer von uns geworden ist, so ist er einer von ihnen

geworden. Er hat sich mit den Toten verbündet. Die Heils-
tat seines Kreuzes gilt bei Weitem nicht nur den Lebenden, sie
schließt auch alle ein, die vorher oder nachher gestorben sind.

Als Toter ist Jesus zu den Toten hinabgestiegen. Und doch ist
er nicht einfach nur solidarisch einer von ihnen. Solidarität ist
viel, aber nicht alles. Als Toter unter Toten – wenn das alles wäre,
wir bräuchten nicht weiter darüber zu reden. Von Jesus und seinem Abstieg in das Reich des Todes ist mehr zu sagen. In ihm
ist Gott zu den Toten gekommen, Gott selbst in Person. »Da er
die Seinen liebte, liebte er sie bis zur Vollendung …« (Joh 13,1).
Sein Tod ist der äußerste Akt dieser gottmenschlichen Liebe. Sie
ist stärker als der Tod. Sie ist das Lebendigste, das es gibt. Sie
ist das Leben der Toten. Die Schattenexistenzen im Reich des
Todes werden Bürgerinnen und Bürger im Reich Gottes.

»Hinabgestiegen in das Reich des Todes …« Dieser Glau-
benssatz ist mir lange Zeit sehr fern und fremd gewesen. Je
älter ich werde, desto mehr ist »das Reich des Todes« nicht
mehr irgendeine mythische Vorstellung, sondern ganz konkret bevölkert: mein Vater, meine Mutter, Geschwister, Ange-
hörige, die zu mir gehören wie ich zu ihnen, Freunde … Und
ich stelle mir vor, Jesus ist zu ihnen allen hinabgestiegen, zu den
vielen vor uns, zu Adam, Noah, Abraham, Mose … Zu den vielen, die spurlos verschwunden sind, an die niemand denkt, zu
den vergessensten Toten.

Die Ostkirche hat das in ihren Ikonen dargestellt, wie Jesus
hinabsteigt in die Bauchhöhle der (Mutter) Erde und Adam
und Eva aus ihren Gräbern herausreißt ins Leben. Im Herzen
der Erde explodiert seine österliche Kraft, gegen die nun kein
Todeskraut mehr gewachsen ist. Und die ganze Menschheit
mitsamt der Schöpfung ist mitgerissen von ihm. Da er gar die
Mächte des Todes entwaffnet, kommt er uns, den noch Lebenden, mit entwaffnender Güte entgegen, damit wir in ihm sterben und leben können.

11. Auferstehung

Alles andere als selbstverständlich

»Das Grab ist leer …« Das ist für uns keine Überraschung. Wir wissen längst, was die Engel verkündigen: »Er ist auferstanden.« Das kennen wir, wie das Halleluja, das dann fällig ist. Als wäre Ostern selbstverständlich. Alles andere als das. Es versteht sich gerade nicht von selbst, auch nicht von uns her, sondern allein von Gott her.

Von selbst und von uns her versteht sich der Tod. Damit müssen wir rechnen. Er liegt in unserer Erfahrung, wir können ihn uns zufügen. Aber die Auferstehung spottet jeder Erfahrung. Es geht nicht um Reanimierung und nicht um Reinkarnation! Jesus ist in den Todesgraben hinuntergestiegen, aber er ist nicht zur alten Seite zurückgekehrt; er ist zur anderen Seite hochgestiegen, wo es keinen Tod mehr gibt.

Das ist nicht zu fassen, das geht über unseren Horizont. Und darum kommen die Fragen, die Einsprüche: ›Wie soll ich mir das vorstellen? Ich sehe nichts davon, dass die Macht des Todes gebrochen ist. Die Gräber, vor denen ich stehe, sind nicht leer. Das grausame Spiel von Gewalt und Leid und Tod geht weiter – auch nach Ostern.‹ Das sind die handfesten Realitäten, die sind nicht aus der Welt zu schaffen. Oder doch?

Sicher nicht von uns aus. Wir Menschen können Jesus nicht lebendig machen oder lebendig halten. Hätte Gott ihn nicht dem Tode entrissen, er wäre arm dran – und wir wären es auch. Jesus lebt aus der Kraft Gottes, »der die Toten

Wir müssen weder Jesus retten noch auch die Kirche, sie sind geret-
tet. Die Kirche lebt nicht von der sogenannten Basis, auch nicht vom
Papst, von Bischöfen, von Theologen, sondern von Jesus Christus, dem
Herrn des Lebens.

lebendig macht und das, was nicht ist, ins Dasein ruft« (Röm
4,17). Das ist der Grund unserer Hoffnung. Gottes Tat steht
vor allem Auf und Ab unseres Glaubens, trotz unserer Fragen
und Einsprüche.

Und die Realitäten des Todes, die uns bedrängen? Sie kennen die Situation: Sie sind nachts mit dem Auto unterwegs, in
fremder Gegend, und auf einmal wissen Sie nicht mehr, wo
Sie sind. Da taucht plötzlich ein Zeichen im Scheinwerferlicht
auf. Sie sehen es und schon sind Sie weiter. Aber der Augenblick, indem Sie es entziffern konnten, genügt. Sie wissen, wo
Sie sind und woran Sie sind. Ostern ist ein solches Zeichen und
mehr. Wir wissen, wer uns am Ende unserer dunklen Straßen
erwartet.

Anführer des neuen Lebens

Jesus ist der Anführer eines neuen Lebens. Wie ist das zu verstehen? Auferweckung ist keine Verlängerung des Lebens, kein
»Weiterleben«. Es werden nicht nur die Pferde gewechselt, und
dann geht's weiter im alten Trott. Auferweckung ist auch nicht
das ewige »Stirb und Werde«. Dieser Kreislauf wird durchbrochen. Gott setzt mit der Auferstehung Jesu einen neuen
Anfang. Der Lauf der alten Schöpfung ist überholt, eine neue
Schöpfung beginnt, im Zeichen des Lebens.

Jesus ist der Anführer eines neuen Lebens. Ihm dürfen wir
folgen. Wir müssen nicht mehr Komplizen des Todes sein, wir
dürfen Komplizen (Verbündete) des Auferstandenen sein. Sind

wir es? Das hätte Konsequenzen. Dann werden wir uns nicht mit den Mächten des Todes einlassen oder abfinden. Dann werden wir entlarven, was Menschen ums Leben bringt. Dann werden wir uns allem widersetzen, was Leben und Schöpfung kaputtmacht.

Ostern zu feiern ist anspruchsvoll. Jesus ist nicht gestorben und auferstanden, damit wir vorübergehend in Hochstimmung geraten. Er will in uns leben. Er möchte, dass wir von diesem Leben Zeugnis geben: »Nun aber geht und sagt …« (Mk 16,7). Jesus vermag mehr, als das Leben zu dekorieren und den Tod mit Kränzen und schönen Reden zu verbrämen. Er kann uns dem Tod entreißen. Mit ihm ist unser Weg keine Sackgasse mehr, in der wir uns festrennen, nicht mehr nur ein Unterwegs zum Friedhof, sondern in der Kraft Gottes ein Unterwegs vom Tod zum Leben.

Das geht über das Menschenmögliche hinaus. Das spottet jeder Erfahrung. Von den Frauen wird gesagt: »Da verließen sie das Grab und flohen; denn Schrecken und Entsetzen hatte sie gepackt« (8). Das ist alles andere als eine vorübergehende Festtagsstimmung. Wo Gott so unmittelbar am Werk ist, da verschlägt es den Menschen die Sprache. Sie sind entsetzt. Ostern ist gezeichnet vom Erschrecken darüber, dass mit der Auferweckung die Skala menschlicher Erwartungen gänzlich auf den Kopf gestellt ist.

Tastender Glaube

Auferstehung: ein Wunschtraum, eine Projektion? Ein Urbild, das in unserer Seele schlummert? Bei alledem blieben wir schließlich und endlich doch mit uns, mit unserer Einbildungskraft allein. Ist das alles? Oder kommt mir ein anderer entgegen? Der ganz Andere?

Thomas erfährt in seiner Osterbegegnung, dass er es neu mit Jesus zu tun hat. Der ist nicht einfach wieder da wie vor dem Tod, es geht nicht so weiter wie vorher. Aber er erscheint auch nicht wie ein ätherischer Lichtstrahl. Die Erzählung setzt sich klar ab von jeder Art von Esoterik, die den Leib abspaltet und ihn durch ein strahlendes Lichtkleid ersetzen möchte.

Der Christus, dem Thomas begegnet, hat seine irdische Geschichte nicht abgestreift und wie ein Kleid in den Schrank gehängt. Was er erlebt und erlitten hat, sitzt ihm nicht nur in den Kleidern. Es hat ihn unauslöschlich gezeichnet, es kennzeichnet ihn. Die Auferstehung haftet im Fleisch. Sie bricht genau dort ein, wo der Tod sitzt. Wo denn sonst?!

Nicht von ungefähr sind es die Wunden Jesu, auf die Thomas seinen Finger legt. Sie gehen tief. Würden sie übersprungen, der Glaube wäre flach und oberflächlich. Es sind ja gerade die Wunden, die uns das Leben schwer machen: die wahnsinnigen Kriege, das erlittene Unrecht, Krankheit, Scheitern, das offene Grab. Da kann man an Gott irre werden, an Gott und der Welt verzweifeln: Warum, Gott? Warum das alles?

Am christlichen Glauben überzeugt mich nichts so sehr wie diese Wahrheit: Unser Gott geht an den offenen Wunden nicht vorbei, er trägt sie selbst. Und er hat die Kraft, sie zu wandeln. Daran ist er zu erkennen. Am Ende schaut Thomas nicht nur die Wunden; an ihnen, ja in ihnen geht's ihm auf: »Mein Herr und mein Gott!« (28).

Tasten, berühren, greifen – hat Thomas den Auferstandenen damit im Griff? Den Auferstandenen können wir nicht wie ein Ding in den Griff bekommen. Da tut sich eine neue Dimension auf, das ist nicht mehr zu fassen. Thomas tastet sich vor, will greifen und fassen, aber dann wird er ergriffen vom Unfassbaren und Unbegreiflichen: »Mein Herr und mein Gott« – Du, mein Ein und Alles.

Maria Magdalena steht vor dem Grab und weint (vgl. Joh 20,11–18). ›Frauen weinen, ein Mann weint nicht …‹ Das sagen wir manchmal so. Maria Magdalena weint, die Jünger weinen nicht – sie sind gar nicht da: »Da verließen ihn alle und flohen« (Mk 14,50). Sie haben sich aus Angst in Sicherheit gebracht. Wie immer man die Erzählung der Evangelien wendet: Letztendlich sind die Männer weg, und die Frauen sind da.

»Frau, warum weinst du?«, fragen die Engel. Die Tränen haben ihren Grund. Maria hat Jesus verloren, und nun ist auch noch der Leichnam verschwunden. Jesus war ihr »Ein und Alles«. Damit ist's aus. Soll man da nicht weinen? Viele von uns können nachempfinden, was das heißt, wenn man seine Hoffnungen begraben hat. Das ist zum Heulen, weiß Gott.

Maria Magdalena sucht Jesus. Sie sucht den Leichnam im Grab: »Man hat meinen Herrn weggenommen, und ich weiß nicht, wohin man ihn gelegt hat.« Sie sucht Jesus in der Vergangenheit, bei den Toten. Aber dort ist er nicht zu finden. Niemand findet Jesus, wenn er sich nicht von ihm finden lässt.

»Maria«, sagt Jesus (16): dieses eine Wort, das von Herzen kommt und zu Herzen geht. Das ist alles. Keine Belehrung, keine feierliche Erklärung in Sachen Auferstehung, schon gar nicht ein Appell, sondern ganz einfach: »Maria«, du, dich rufe ich beim Namen, du bist mein. Da gehen ihr die Augen auf. Sie ist gefunden von dem, den sie sucht. So ereignet sich Ostern.

In dieser Ostergeschichte wird zweimal gesagt, dass Maria sich umdreht. Sie vollzieht die große Wende vom Tod zum Leben. Sie sucht – rückwärts gewandt – den Leichnam, und

Der Trend geht dahin, den Namen mit dem Tod möglichst auszulöschen. Es ist verrückt: einerseits die wachsende Individualisierung, andererseits das Versinken ins Anonyme.

sie findet – vor sich stehend – den Auferstandenen. Da dreht sich alles um. Da gerät der Mensch außer sich. Er kommt heraus aus der blinden Suche nach dem Verlorenen, heraus aus der Fixierung auf das Grab, heraus aus der lähmenden Herrschaft des Todes.

Das ist nicht zu fassen … Ostern, der Auferstandene – nicht zu fassen: »Halte mich nicht fest«, sagt Jesus (17). Er ist nicht zu fassen. Ganz der alte? Eben nicht! Es geht nicht einfach so weiter wie vorher. Neues hat sich ereignet. Kaum zu glauben, nicht zu begreifen. Man kann sich »nur« ergreifen lassen – wie in der Liebe. Da sagt der eine zum anderen: Ich möchte ganz dein sein. – Das wird von Grund auf verkehrt, wenn dieser den anderen einfach haben will; wenn er das freie Versprechen, ihm zu gehören, in ein Verfügungsrecht verkehrt. Liebe ist nicht zu haben. Der Glaube ist nicht zu haben.

Letztlich ist Ostern unsagbar. Man kann versuchen, ringsum in den Spuren zu lesen. So wird es uns auch selber gehen, wenn wir Ostern in unserer eigenen Lebensgeschichte auf die Spur kommen möchten. Unsere Wege werden unsere Wege bleiben, unsere Schwächen unsere Schwächen. Unsere Tage werden nicht zu Träumen werden, sondern zu bestehen sein, alltäglich. Und niemand von uns muss sagen oder demonstrieren, was kein Mensch in dieser Welt, auch nicht die Apostel, auch nicht Maria Magdalena, in der Hand vorzeigen kann. Aber vielleicht können wir eine Ahnung geben von dem, was nicht zu fassen ist. Vielleicht kann mitten in allen alltäglichen Dingen und über alles hinaus die Gewissheit wachsen: Du bist bei deinem Namen gerufen. Das kann bittere Tränen wandeln, in Freudentränen.

Die Erzählung vom Fischfang (Joh 21,1–14) ist eine Ostergeschichte, die den Karfreitag in sich hat. Das ist nicht das frustrierte und frustrierende Dauerlamento über die leeren Netze, sondern eine Ostergewissheit aus durchlittener Karfreitagserfahrung.

Es gibt eine Gnade des Nullpunktes. Es gibt die Gnade, gegen den Augenschein und das Übliche erneut aufzubrechen, sogar über alle Fischergewohnheit hinaus am helllichten Tag auszufahren und die Erfahrung zu machen, dass das Wort eines anderen trägt, das Wort des ganz Anderen. Wo ursprunghaftes Vertrauen und ungebrochenes Verstehen, wo Zuwendung und Zuversicht zusammenkommen, da kann ein Wort Wunder wirken. Wir ahnen gar nicht, was Gott aus den Bruchstücken unseres Lebens macht, wenn wir sie ihm ganz überlassen.

Eigenartig, als die Jünger mit den leeren Netzen zurückkommen, erkennen sie Jesus nicht. Er ist bei ihnen, aber sie wissen nicht, dass es Jesus ist. Kaum dass die Netze sich füllen, sieht der Jünger, den Jesus liebte, schon vom See aus: »Es ist der Herr!« Ob wir erst in Augenblicken der Erfüllung richtig erkennen, wie nah er uns ist?

Am Ufer brennt das Feuer. Das Mahl ist bereitet, ehe die Fischer mit ihrem Fang eintreffen. Sie werden also nicht mit ihrem eigenen Erfolg abgespeist. Es wäre ja auch trostlos, wenn alles vom Gelingen unseres Tuns abhinge und wir nur vom Erfolg unserer Arbeit lebten. Die Augenblicke in unserem Leben, in denen wir etwas vom Himmel auf Erden spüren, sind nicht unser Werk. Da stoßen wir auf etwas, das nicht von uns selber stammt. Wir sind beschenkt und sagen: ›Gott sei Dank.‹ Das genau ist die Eucharistie: ein Geschenk des Himmels, nicht das Ergebnis unserer Leistung. Wir machen sie nicht, wir empfangen sie. »Kostet und seht, wie gut der Herr ist« (Ps 34,9).

In dem Maße, wie wir es wagen, aus uns selbst herauszugehen, uns zu verschenken, lassen wir jetzt schon den Tod hinter uns. »Wir wissen, dass wir aus dem Tod ins Leben hinübergegangen sind, weil wir die Brüder (und Schwestern) lieben …« (1 Joh 3,14). Vom Tod zum Leben hinübergehen. So wird der Tod unterlaufen. So wird das neue Leben gewonnen.

»Wer das Leben um meinetwillen verliert, wird es gewinnen« (Mt 16,25). Man rettet nur das, was man gibt. Das ist die Grundwahrheit unseres christlichen Lebens. »Wenn man dich zum Friedhof trägt, kümmert dich nicht mehr das, was du hast. Mitnehmen kannst du nur das, was du gegeben hast.« Man rettet nur das, was man gibt.

Dort wird Ostern dann nicht nur behauptet, sondern erfahren. Ostern gewinnt so nicht erst später Bedeutung, sondern schon jetzt, im Prozess unseres irdischen Lebens. Es beginnt nicht erst jenseits der Grenzen unseres Daseins, sondern schon diesseits. Die Glaubwürdigkeit unserer Hoffnung über den Tod hinaus hängt mit dem Sichtbarwerden des neuen Lebens im Diesseits zusammen.

Was der Mensch am meisten braucht, kann er nicht selbst herbeiführen, er muss sich führen lassen, vom Tod zum Leben. Er verfehlt das Leben, wenn er es sich selbst besorgen will. Die Kompetenz zum Leben wächst mit dem Mut, sich lieben zu lassen, sich von Gott unbedingt lieben zu lassen.

Die Liebe, in der wir aus uns selbst herausgehen und uns lassen, diese Liebe und der christliche Osterglaube gehören untrennbar zusammen. Eine alte theologische Tradition spricht von der Armut Jesu, mit der er den Tod überlistete. Er hatte am

Keine Frage, es gibt die fragwürdige Vertröstung auf das Jenseits, aber es gibt auch die noch fatalere Vertröstung mit dem Diesseits.

Ende nichts mehr, was dieser ihm hätte rauben können, er hatte alles gegeben. »Darum hat ihn Gott über alle erhöht und ihm den Namen verliehen, der größer ist als alle Namen« (Phil 2,9). So ist er der Christus geworden, so hat er das Leben gewonnen. Tod zum Leben!

12.   Komm, Herr Jesus

Die offene Wunde Sehnsucht

Sehnsucht – man denkt zunächst, das Wort hat sicher etwas mit »Suchen« zu tun. Aber es kommt nicht von »Suchen«, sondern von »Siechen«. Ein Kranksein, eine Verwundung, die sich in der Sehnsucht ausspricht. Ist das vielleicht eine Grundbestimmung des Menschen, dass er verletzt ist, eine offene Wunde trägt? Wie Jakob nach dem Kampf mit dem Engel …

Was für eine Wunde ist das, die sich in der Sehnsucht offenbart? Krankt der Mensch an den bestehenden Verhältnissen? In der Tat, viele leiden unter dem Unrecht in der Welt. Die Sehnsucht bricht auf, dass die Welt nicht so bleibe, wie sie ist. »Die Sehnsucht nach dem ganz Anderen«, nach den Alternativen. Wer sehnt sich nicht danach, dass Unrecht überwunden wird! Aber ob die anderen Verhältnisse allein die Sehnsucht des Menschen erfüllen? Zweifel sind angebracht.

In einer Umfrage hat man jüngst die Frage gestellt: »Was ist Ihre tiefste Sehnsucht?« 88 Prozent gaben zur Antwort: »Ich möchte Menschen um mich haben, die ich lieben kann und die mich lieben.« Erfüllt sich diese Grundsehnsucht? Viele sagen aus ihrer Erfahrung: Sie erfüllt sich nicht. Oder: Wenn es Stunden gibt, in denen sie sich erfüllt, dann bricht eine neue Sehnsucht auf, noch stärker: dass die Erfüllung bleibe, dass sie nicht vergehe. Alle Liebe will Ewigkeit.

Die offene Wunde Sehnsucht. Woher kommt das nur? Augustinus, der wie kaum ein anderer die Sehnsucht geliebt und gelebt hat, sagt: Das ist so, weil die Sehnsucht Gottes den Menschen zieht. Ein unerhörtes Wort: »Die Sehnsucht Gottes ist der Mensch.« Von dieser Sehnsucht ist unser Herz getroffen, verwundet, unruhig, bis es in Gott zu Ruhe kommt.

»Steig auf einen hohen Berg, erheb deine Stimme, fürchte dich nicht! Sag den Städten in Juda: Seht, da ist euer Gott!« (Jes 40,9). Das ist die Botschaft, die wir verkünden dürfen. Unter den Menschen, die denken: ›Gott? Wir haben ja alles! Was brauchen wir mehr?‹, dürfen wir mit unserer Existenz wie ein Hinweis, ein Lebens-Zeichen sein, eine offene Frage: Das soll alles sein? Die Sehnsucht ist zu groß, als dass sie sich in anderen Menschen letztlich erfüllt, sie ist auf den ganz Anderen ausgespannt. Das Entscheidende kommt noch. Es ist noch längst nicht aller Tage Abend. Der Entscheidende ist im Kommen.

Damit wir dich preisen

Im Alten Testament gibt es diese wenig bekannte Erzählung über Daniel. Er ist in Babylon. Und Babylon steht für ein in sich geschlossenes, totalitäres System. »Jeder, der an irgendeinen Gott oder Menschen außer an dich, König, eine Bitte richtet, der soll in die Löwengrube geworfen werden« (Dan 6,8). Mit anderen Worten: Alles nur noch König! Der König ist alles! Der König ist Gott, und vor ihm haben alle in die Knie zu gehen. Daniel tut's nicht. Da »ging er in sein Haus. In seinem Obergemach waren die Fenster nach Jerusalem hin offen. Dort kniete er dreimal am Tag nieder und richtete sein Gebet und seinen Lobpreis an seinen Gott« (11).

Das geschlossene System Babylon und Daniels Obergemach mit dem offenen Fenster nach Jerusalem, der Stadt des lebendigen Gottes. Unsere Welt – las ich – hat keine Fenster mehr. Wohin wir schauen, durch das Mikroskop oder durch das Fernrohr, auf den Bildschirm oder in die Bilanzen – wir begegnen schließlich nur noch uns selbst. Gott kommt nicht mehr vor. Wir sitzen wie in einem riesigen Spiegelsaal, ohne ein Fenster zur Ewigkeit; wir spiegeln uns selbst. Aber was geschieht, wenn wir uns nur mit uns selbst begnügen, mit den Dingen, der Welt? Wer nicht weiß, woher er kommt und wohin er geht, der landet sehr schnell dort, wohin er gar nicht wollte.

Wir sind dazu da, die Fenster offenzuhalten im Obergemach, den Durchblick freizuhalten auf Gott hin. Es wäre fatal, wenn wir schließlich auch in der Kirche zu einem geschlossenen System werden, in dem alles funktioniert, aber die Fenster nicht mehr offen sind, zur Ewigkeit. Darum erinnert uns das Gebet der Kirche: »Gott, du hast uns erschaffen, damit wir dich preisen.« Das Gebet ist wie der Atem des Glaubens. Oft genug sind wir außer Atem, in Atemnot. Wenn wir nicht mehr wissen, was uns atmen lässt, wenn wir die Fenster nicht mehr offen halten, dann Glaube, gute Nacht! Im Gebet geht es um Sein oder Nichtsein des Glaubens.

Von Daniel heißt es, dass er »dreimal am Tag niederkniete und sein Gebet und seinen Lobpreis an seinen Gott richtete, ganz so, wie er es gewohnt war« (Dan 6,11). Er hatte das Niederknien und den Blick durch die offenen Fenster im Obergemach eingeübt in guten Tagen. Nun, im Ernstfall des Lebens angesichts der tödlichen Bedrohung, findet er darin Halt und Gelassenheit.

Mancher wird argwöhnen: Wird hier nicht zum Rückzug in eine private Innerlichkeit geblasen? Wo bleibt der Einsatz für die Menschen? Im Gebet der Kirche heißt es »Gib, dass wir dich mit ungeteiltem Herzen anbeten und die Menschen lieben, wie du sie liebst.« Anbetung und die Tat der Liebe gehören zusammen, wie für den Vogel die beiden Flügel, wie für uns die beiden Augen oder die Hände, mit denen wir zupacken und die wir falten können. Wer sich auf eine Verabredung mit Gott einlässt, bei dem gerät das Leben in Bewegung. Er wird anderen beistehen, weil er mit Gott verabredet ist.

Anbetung

Vom Brunnenrand oben in die wohltuende Tiefe des Brunnens, das ist die Bewegung in der Erzählung von der Begegnung Jesu mit der Frau am Jakobsbrunnen (Joh 4,5–30). Im Alltag setzt sie ein und geht auf den Grund, sie führt zur Anbetung: »Die Stunde kommt und sie ist schon da, zu der die wahren Beter den Vater anbeten werden im Geist und in der Wahrheit« (23).

Ist sie wirklich da, die Stunde der wahren Beter? Oder ist sie vorbei? Wer betet wirklich noch? Damals hat man sich um den Ort der Anbetung gestritten, ob in Jerusalem oder (wie die Samariter) auf dem Berg Garizim. Jesus geht auf diese Alternative ein, um sie aufzulösen: »Weder auf diesem Berg noch in Jerusalem.« Ein provozierendes Wort! Wahre Anbetung, sagt Jesus, geschieht »im Geist und in der Wahrheit« (23 f).

Anbeten? Wer der Sache näherkommen will, frage sich: Vor wem gehe ich in die Knie? – Wir kennen das aus der Versuchung Jesu: Der Teufel »führte ihn auf einen sehr hohen Berg; er zeigte ihm alle Reiche der Welt mit ihrer Pracht und sagte zu ihm: Das alles will ich dir geben, wenn du dich vor mir niederwirfst und mich anbetest« (Mt 4,8 f). – Vor wem oder was gehe ich in die Knie? Vor welchen Autoritäten und Instanzen beuge ich mich? Vor den Herrgöttern in Weiß oder Schwarz, vor Filmdivas oder Literaturpäpsten, Parteibossen oder Wirtschaftsmagnaten? Heute wird vieles »angebetet«: Fortschritt, neue Technologien, Macht, Leistung, Power … »Worauf du nun dein Herz hängest und verlässest, das ist eigentlich dein Gott«, sagt Luther in der Auslegung des ersten Gebotes.

Wer nicht betet, ist kurzsichtig. Er bringt sich um seine größten Lebensmöglichkeiten. Er bringt sich um die Geschichte mit Gott. Nie sonst findet er so zu sich selbst.

Anbetung lebt davon, dass wir anerkennen: Gott ist Gott, und der Mensch ist Mensch und nicht Gott, die Geschöpfe sind Geschöpfe und nicht Gott, weder Sonne noch Mond noch die Sterne noch das Weltall überhaupt. Die Anbetung ist der Tiefgang des Glaubens; wir knien, bücken uns, kommen auf den Grund. Verliert man dabei sein Rückgrat? Nur wer ein Rückgrat hat, kann sich bücken. Alfred Delp sagt: »Brot ist wichtig, die Freiheit ist wichtiger, am wichtigsten aber – die ungebrochene Treue und die unverratene Anbetung.«

Anbetung »im Geist und in der Wahrheit« (Joh 4,23). Geist ist hier nicht etwa nur unser Intellekt, unsere Geistigkeit, Vernunft, etwas Luftiges im Gegensatz zur handfesten Form, zur Institution (etwa eines Kultortes), Geist ist der heiße Atem Gottes, sein Lebensatem (also nicht unser Werk). Ohne ihn wissen wir gar nicht, »worum wir in rechter Weise beten sollen; der Geist selber tritt jedoch für uns ein mit Seufzen, das wir nicht in Worte fassen können« (Röm 8,26). Wo wir uns von ihm leiten lassen, kommen wir zur Anbetung. In ihm rufen wir »Abba, Vater!« (Röm 8,15).

Anbetung »im Geist und in der Wahrheit«. Was ist Wahrheit? Die Samariterin will sich nicht festlegen. Sie dreht und windet sich, ergreift schließlich die Flucht nach vorn: »Ich weiß, dass der Messias kommt ...« (25). Also: Das hat noch Zeit, später mal ... Sie will die Frage ihrer Lebenswahrheit auf die lange Bank schieben. Jesus verlegt ihr den Weg: »Ich bin es, ich, der mit dir spricht« (26). Wie ein Meteor aus einer anderen Welt: Ego eimi, ich bin der Messias! Da brechen selbstfabrizierte Welten zusammen. Und eine neue geht auf, hier und jetzt mit dem Messias Jesus Christus. Er ist der Ort der

Anbetung für die Samariterin und für uns alle, er allein. In ihm finden wir unseren Platz, kommen wir zur Anbetung des Vaters »im Geist und in der Wahrheit«. Und eben darin kommen wir zur Wahrheit über uns selbst.

Wenn er käme

Manchmal geht mir ein verrückter Gedanke durch den Kopf. Ich stelle mir vor: Was wir singen und beten, das passierte – tatsächlich! Wir rufen: »Komm, Herr Jesus, komm!« – und er kommt, hier in unsere Mitte. Er ist da. Was dann? Ich weiß gar nicht, ob uns das so lieb ist, dass er kommt. Bedenken wir überhaupt, worauf wir uns da einlassen mit dem »Komm, Herr Jesus«? Oder ist es uns gar nicht so ernst damit? Vielleicht sagen wir besser: Warte nur, so eilt's nicht. Wir kommen schon noch zurecht. Oder wir sagen mit Dostojewskis Großinquisitor: »Warum bist du denn überhaupt gekommen? Störe uns wenigstens nicht vor der Zeit. Geh weg und komm nicht mehr wieder … Komm überhaupt nicht mehr wieder! Niemals, niemals!«

Komm, Herr Jesus! – Komm ja nicht wieder! Das sind wir, das ist unser Glauben, unser Hoffen. Hin und her geht der Ruf: Komm, Herr Jesus! – Komm ja nicht wieder! Dafür – dagegen, pro und contra. Manchmal eher: Komm! Manchmal eher: Komm ja nicht wieder! Beides ist in uns, dicht beieinander, der eine Ruf gegen den anderen. Das sind wir, das ist unsere Welt.

Manchmal begegne ich Menschen, die daheim noch Heimweh haben, die vom Brot allein nicht satt werden, die

Ich wünsche mir, dass ich am Ende meines Lebens sagen kann: »Herr, in deine Hände lege ich mein Leben.« Mehr brauchen wir am Ende eigentlich nicht zu wissen, das genügt als Summe des Lebens.

die Hoffnung nicht aufgeben, den zu finden, der sie begeistern kann, der die Langeweile tötet und den Betrieb entlarvt. Komm, Herr Jesus!

Manchmal treffe ich Menschen, die vom Leben nichts mehr zu erwarten haben – nur den Tod – und die doch noch etwas erwarten, die alles erwarten, nicht vom Tod, sondern von Christus.

Ich begegne Menschen, deren Erwartung nicht in ihrer eigenen Welt aufgeht und verdunstet; die lieber mit großen Hoffnungen hungern und dürsten, als sich mit Banalitäten volllaufen und begraben zu lassen; Menschen, die mehr erwarten als sich selbst, deren Erwartung nicht an den Grenzen unserer Zeit erlischt, die für unsere Zeit, für unsere Welt etwas erwarten; Menschen, die tatsächlich etwas von Jesus erwarten und daraufhin ihr Leben ändern, die sich von Jesus nicht nur etwas für sich erhoffen, sondern für andere, für die Welt; Menschen, die darauf warten, dass er die Tränen der Weinenden trocknen wird, die darauf warten, dass seine Herrschaft die Herrschaft der Herren und die Knechtschaft der Geknechteten beendet. Sie machen mir Mut. Mit ihnen rufe ich, gegen meinen Unglauben und die Hoffnungslosigkeiten in mir und um mich: Komm! Komm bald! Komm, Herr Jesus, komm!

Nachwort des Herausgebers

Franz Kamphaus liebt es, die Dinge auf den Punkt zu bringen. Der bleibende Ausgangspunkt in den fünfundzwanzig Jahren seines Wirkens als Bischof von Limburg heißt: »Den Armen das Evangelium verkündigen.« Er hört den Menschen zu, er geht auf sie zu, er weiß sie anzusprechen, und er lebt, was er sagt. Doch das Spannendste für ihn ist und bleibt Jesus Christus. Das gläubige Bekenntnis ›Jesus, du bist mein ein und alles‹ erläuterte er einmal so: »Damit ist das Ganze auf den Punkt gebracht, auf den Bezugspunkt Jesus Christus. Mit ihm steht und fällt unser Dienst, unser Beruf.«

Gern bezieht er sich auf die Erzählung aus der jüdischen Weisheitsüberlieferung, worin ein Rabbi sagt: »Wenn einer Vorsteher wird, müssen alle nötigen Dinge da sein, ein Lehrhaus und Zimmer und Tische und Stühle, und einer wird Verwalter, und einer wird Diener und so fort. Und dann kommt der böse Widersacher und reißt den innersten Punkt heraus, aber alles andere bleibt wie zuvor, und das Rad dreht sich weiter, nur der innerste Punkt fehlt. Und der Rabbi hob seine Stimme: Aber Gott helfe uns, man darf's nicht geschehen lassen!«

Damit ist die heutige Situation nicht nur der Kirche, ihrer Vorsteher und Diener getroffen, sondern auch die der Christen insgesamt. So sagt Bischof Kamphaus: »Auf den ›innersten Punkt‹ kommt es an, auf die Mitte, in der die Speichen zusammenkommen und zusammengehalten werden, in der die Last, die das Rad zu bewegen hat, sich bündelt. Unser Problem ist nicht so sehr dies, den ›Betrieb an sich‹ auf Touren zu halten, sondern darüber zu wachen, dass der ›innerste Punkt‹ nicht abhanden kommt. Das ist Jesus Christus.«

Unermüdlich hat Franz Kamphaus die Worte des Evangeliums durchbuchstabiert und durchmeditiert, immer wieder »Altes und Neues« aus diesem Schatz gehoben, manche scheinbar allzu bekannte Stelle aus der Bibel zum Neuheitserlebnis gemacht, manche kaum beachteten oder sperrigen Worte, und gerade die, wieder leuchtend, einleuchtend gemacht. So lag es nahe, aus der Fülle seiner veröffentlichten Texte Perlen seiner Jesusmeditation zu sammeln, in einen neuen Gliederungszusammenhang zu stellen und in einem Band leicht zugänglich zu machen.

Die einzelnen Texte – 60 längere, die den Hauptinhalt des Buches ausmachen, dazu kurze Impulstexte am Fuß oder Kopf der Seiten – sind in zwölf Kapiteln Schwerpunkten des Lebens Jesu und seiner Botschaft zugeordnet. Dabei konnte es naturgemäß nicht um eine Art inhaltlicher Systematik oder gar Vollständigkeit gehen; doch wurde eine innere Korrespondenz bei der Auswahl und Zusammenstellung der Texte angestrebt. Der ursprüngliche Ort der Veröffentlichung der Haupttexte ist aus dem Quellennachweis ersichtlich. Auch die Kurztexte sind den in der Bibliografie genannten Büchern entnommen.

Manchmal gehe ihm, gesteht Bischof Kamphaus, ein verrückter Gedanke durch den Kopf: Es würde tatsächlich jetzt passieren, was Christen singen und beten: Komm, Herr Jesus, komm! Was würde Jesus, wenn er uns und unsere Verhältnisse sieht, wohl sagen? Etwa: So ungefähr habe ich mir das vorgestellt? Die Aufforderung Jesu an seine Freunde der ersten Stunde: »Folgt mir nach!«, bleibt seine Aufforderung an uns heute. Dieses Buch möge eine Hilfe sein, mit dem Bischof zu antworten: »Hinter Jesus her!«

Der Herausgeber

Quellennachweis

Im Textnachweis sind die Buchtitel stichwortartig aufgeführt. Die Stichworte beziehen sich auf die nachfolgend genannten Veröffentlichungen von Franz Kamphaus. Sie sind, bis auf die als Manuskript gedruckten Hirtenworte, alle erschienen im Verlag Herder.
© Verlag Herder GmbH, Freiburg im Breisgau.

Entschieden: Entschieden leben. Was ich im Taufbekenntnis verspreche. Freiburg 1991, 2. Auflage 1992

Frieden: Was dir zum Frieden dient. Freiburg im Breisgau 1983, 3. Auflage 1985

Gedächtnis: Tut dies zu meinem Gedächtnis. Worum es beim Sonntagsgottesdienst geht. Freiburg im Breisgau 1999, 2. Auflage 2000

Glauben: Den Glauben erden. Zwischenrufe. Freiburg im Breisgau 2001

Gott: Der Gott, an den wir glauben. Hirtenwort und Anregungen zu Verkündigung und Glaubensgespräch in der österlichen Bußzeit 1983. Limburg (als Manuskript gedruckt)

Haus: Haus Gottes unter den Menschen. Hirtenwort und Anregungen zu Verkündigung und Glaubensgespräch in der österlichen Bußzeit 1985. Limburg (als Manuskript gedruckt)

Leidenschaft: Gehorsam, in: Johannes Bours – Franz Kamphaus, Leidenschaft für Gott. Ehelosigkeit, Armut, Gehorsam. Freiburg im Breisgau 1981, 8. Auflage 1991

Nacht: Zwischen Nacht und Tag. Österliche Inspirationen.
Freiburg im Breisgau 1998, 3. Auflage 1999
Priester: Priester aus Passion. Freiburg im Breisgau 1993,
4. Auflage 1995
Punkt: Auf den Punkt gebracht. Biblische Anstöße. Freiburg
im Breisgau 1994, 3. Auflage 1995
Quere: Wenn Gott in die Quere kommt. 60 Predigten und
Ansprachen für ein Christsein mit Profil. Freiburg im
Breisgau 2000, 3. Auflage 2001
Stein: Der Stein kam ins Rollen. Worte, die zum Glauben
reizen. Herausgegeben von Paul Deselaers. Freiburg im
Breisgau 1996, 3. Auflage 1998
Stunde: Was die Stunde geschlagen hat. Worte, die den Mut
wecken. Herausgegeben von Hanno Heil. Freiburg im
Breisgau 1990, 2. Auflage 1991
Welt: Wenn Gott zur Welt kommt. Worte zu Weihnachten.
Herausgegeben von Hanno Heil. Freiburg im Breisgau
1992, 2. Auflage 1993
Wort: Gott beim Wort nehmen. Zeitansagen. Freiburg im
Breisgau 2006

Textnachweis

1. Gott wird Mensch
Er trägt das All   Quere 23 ff
Tiefes Erschrecken – große Freude   Welt 49 ff
Gott steckt in unserer Haut   Quere 13 f
Geschenk des Himmels   Welt 37 f
Gottes Geburt in uns   Welt 76 ff

2. Der Weg Jesu
Wenn Jesus leibhaftig vor uns stünde   Wort 176 f
Er ist sich treu geblieben bis zuletzt   Wort 178 f
Vom Versucher provoziert   Leidenschaft 128 f
Drei Lebensfragen   Glauben 41 ff
Bereitet den Weg des Herrn   Welt 26 ff

3. Anfänge
Faszinierend und erschreckend   Entschieden 37 ff
Das Reich Gottes kommt   Wort 180 f
Nicht: Macht weiter so, sondern: Kehrt um!   Wort 181 f
Die Wende   Priester 180 ff
Zur Freiheit berufen   Stunde 116 f

4. Gelebte Weisung
Jesus hat die Bergpredigt gelebt   Punkt 153–155
Prioritäten   Quere 72 f
Gesetzestreue im Überfluss   Stunde 124 ff

5. Arm und Reich
Ein Gott, der arm wird   Quere 8–11
Jesus, das Heil der Armen in Person   Punkt 162 ff
Den Armen gilt die Gottesherrschaft   Punkt 164 f
Die Gefahren des Reichtums   Frieden 88 ff
Selig, die arm sind vor Gott   Punkt 170 f

6. Begegnungen
In Alltagssituationen   Leidenschaft 134 f
Grenzüberschreitung   Punkt 74–77
Zuvorkommend   Gott 41 ff
Unterwegs   Nacht 87 ff

7. Nachfolge
Wo wohnst du?   Haus 31 f
Der Ort, wo Jesus ist   Quere 62 ff
Wenn man sich auf den Weg macht   Quere 150 f
Wer sein Vermögen hergibt   Punkt 91 ff
Gott schenkt mir diese Freiheit   Priester 126 f
Bleibt in meiner Liebe   Quere 66 f

8. Licht der Welt
Das Licht der Welt erblickt   Quere 28 ff
Christuslicht   Quere 30 f
Licht für die Völker   Punkt 65 f
Verklärung   Gott 24 f
Um allen zu leuchten   Nacht 51 f
Ausstrahlung   Nacht 179 f

9. Brot des Lebens
Gesättigt mit ewigem Hunger   Quere 131 ff
Das gebrochene Brot   Nacht 14 ff
Für euch und für alle   Gedächtnis 13 f
Leib Christi   Nacht 16 ff

10. Leid und Kreuz
Unbegreiflich   Stein 131 f
Der verwundete Arzt   Quere 36 f
Christliche Gewaltanschauung   FAZ (2.10.2000)
Was machen wir mit der Angst   Stein 68 ff
Wenn ich schwach bin, bin ich stark   Quere 32 f
Hinabgestiegen zu den Toten   Stunde 179 f

11. Auferstehung
Alles andere als selbstverständlich   Stunde 42 ff
Anführer des neuen Lebens   Stein 39 f; Quere 63 f
Tastender Glaube   Nacht 78 f
Beim Namen gerufen   Stunde 37–41
Es ist der Herr   Quere 71.70 f
Vom Tod zum Leben   Stein 147 f

12. Komm, Herr Jesus
Die offene Wunde Sehnsucht   Welt 17–20
Damit wir dich preisen   Quere 129 ff
Anbetung   Punkt 83 f
Wenn er käme   Welt 10–15

Zum Autor: Franz Kamphaus

1932 Geboren in Lüdinghausen/Westfalen

1953–1958 Studium der Philosophie und Theologie in Münster und München

1959 Priesterweihe

1959–1964 Kaplan und Religionslehrer

1964–1968 Aufbaustudium in Münster, Promotion

1964–1982 Verantwortlicher für die Predigtausbildung im Bistum Münster

1965–1970 Wissenschaftlicher Assistent an der Theologischen Fakultät in Münster

1970–1972 Akademischer Rat

1971–1982 Leiter der Priesterfortbildung im Bistum Münster

1972–1974 Wiss. Rat; Professor für Pastoraltheologie/Homiletik

1973–1982 Regens des Priesterseminars in Münster

Seit 1974 Honorarprofessor für Kath. Theologie an der Universität Münster

1982–2007 Bischof von Limburg

1984–1988 Vorsitzender der deutschen Kommission »Justitia et Pax«

1986–1991 »Jugendbischof« der Deutschen Bischofskonferenz

1991–1999 Vorsitzender der Kommission für das Bischöfliche Hilfswerk »Misereor«

1999–2006 Vorsitzender der Kommission »Weltkirche« der Deutschen Bischofskonferenz

2004 Ignatz-Bubis-Preis der Stadt Frankfurt am Main

Franz Kamphaus

Die Welt zusammenhalten

Reden gegen den Strom
208 Seiten | Gebunden mit Schutzumschlag und Leseband
ISBN 978-3-451-29754-0

Was allein die Welt zusammenhalten kann, ist Gerechtigkeit. Dazu gehören Gewaltverzicht und Toleranz zwischen den Religionen; eine faire Auseinandersetzung insbesondere mit dem Islam; Verantwortung füreinander in der Globalisierung; das solidarische Miteinander von Arbeitgebern und Arbeitnehmern, von Familien und Singles, von Gesunden und Kranken. In den entscheidenden Fragen des Zusammenlebens hat sich Franz Kamphaus in viel beachteten Beiträgen zu Wort gemeldet. Wichtige, Orientierung gebende Stellungnahmen des streitbaren Kirchenmannes, der auch über die Kirche hinaus Gehör findet.

Die Sternstunde der Menschwerdung

Weihnachtliche Anstöße
180 Seiten | Gebunden mit Leseband
ISBN 978-3-451-31061-4

Die Botschaft von der Mensch gewordenen Liebe Gottes immer wieder so zu sagen, als hörte man sie das erste Mal – keinem gelingt das so wie Franz Kamphaus. Wenn er die Dinge auf den Punkt bringt, gibt es so manches Aha-Erlebnis. Die geistlich-meditativen, eindringlichen Texte dieses Buches begleiten durch die weihnachtliche Zeit, also die Adventssonntage, die Weihnachtstage, den Jahreswechsel und Dreikönig bis zum Fest Darstellung des Herrn. Eine anregende Lektüre, bereichert um zahlreiche Illustrationen meisterlicher Kunst.

HERDER

Inspiration Christentum

Roland Breitenbach
Pilgern
Den eigenen Weg finden
Band 6061

Anselm Grün
Mystik
Den inneren Raum entdecken
Band 6060

Medard Kehl
Schöpfung
Warum es uns gibt
Band 6166

Wunibald Müller
Schuld und Vergebung
Befreit leben
Band 6300

Katharina Schridde
Alltag und Fest
Von den Gezeiten des Lebens
Band 6096

Marjorie Thompson
Achtsamtkeit
Vom Umgang mit der eigenen Seele
Band 6183

HERDER spektrum

© Verlag Herder GmbH, Freiburg im Breisgau 2010
Alle Rechte vorbehalten
www.herder.de

Bibelzitate sind wiedergegeben nach der
Einheitsübersetzung der Heiligen Schrift
© 1980 Katholische Bibelanstalt Stuttgart

Umschlagkonzeption und -gestaltung:
Agentur R·M·E Eschlbeck / Hanel / Gober
Umschlagfoto: © Imago / Thomas Frey

Layoutkonzept: tiff.any GmbH, Berlin
Satz: tiff.any GmbH, Berlin
Herstellung: fgb · freiburger graphische betriebe
www.fgb.de

Gesetzt aus der Linotype Janson Text Standard
Gedruckt auf umweltfreundlichem, chlorfrei gebleichtem Papier
Printed in Germany

ISBN 978-3-451-06303-9